U0123635

大手印大圓滿雙運

原典作者：噶瑪恰美仁波切
釋論作者：堪布卡塔仁波切
中譯：噶瑪策凌確準

謹以本書呈獻

尊聖的第十七世法王　噶瑪巴鄔金欽列多傑

目次

Karmé Yiong Drupde Samten Ling

Karmé Ling Retreat Center

༄། གདུལ་བྱ་སོ་སོའི་སྐལ་བ་དང་མཐུན་པའི་གྲུབ་མཐའ་མི་འདྲ་བ་གསུངས་ནའང་བློ་ཆུང་རྣམས་ཀྱིས་དེ་ལྟར་མ་རྟོགས་པས་ཁྱད་པར་ཆེན་པོ་ཡོད་པར་བཟུང་པ་རྣམས་ཀྱི་ཆེད་དུ་མཁས་གྲུབ་ཀརྨ་ཆགས་མེད་མཆོག་ནས་གྲུབ་མཐའ་དེ་རྣམས་མཐར་ཐུག་དགོངས་པ་གཅིག་ཏུ་བབས་ཚུལ་ཕྱག་རྫོགས་ཀྱི་དམར་ཁྲིད་གསུངས་པ་འདི་ཉིད་གལ་ཆེ་བར་མཐོང་ནས་རང་གིས་ཆགས་མེད་རིན་པོ་ཆེའི་གསུངས་བཞིན་བཤད་པ་རྣམས་དབྱིན་སྐད་ཐོག་དེབ་སྤར་ཟིན་པ་དང་། ད་ལན་ཐེ་ཝན་བླ་མ་ཚེ་རིང་ནས་གུས་བརྩོན་ཆེན་པོས་རྒྱ་སྐད་དུ་བསྒྱུར་ནས་སྤར་བསྐྲུན་མཛད་པ་ལ་དགའ་གུས་དང་། སྤར་བསྐྲུན་མཛད་པ་པོ་ལ་ཡང་ཐུགས་རྗེ་ཆེ། དེ་བཞིན་དེབ་འདི་ཀློག་པ་པོ་རྣམས་ཀྱི་རྒྱུད་ལ་ཕྱག་རྫོགས་ཟུང་འཇུག་གི་རྟོགས་པ་རྒྱུད་ལ་སྐྱེ་བའི་སྨོན་ལམ་ཞུ།

གུས་མཁན་མིང་ཀར་མཐར་ནས།

Karmé Ling Retreat Center • 315 Retreat Road • Delhi, NY 13753 • (607) 746-3216 • Fax (607) 746-9542 • karmeling@kagyu.org

中文版作者序

兩大解脫門合為一

雖然佛陀順應弟子各自的根器而宣說了不同宗派的教法，然而愚鈍之人卻無法如實了悟，反而認為這些教法有極大的差異。為了利益這些弟子，尊勝的賢哲噶瑪恰美，宣說了將這些宗派的究竟深義含攝為一的《大手印大圓滿雙運》。有感於此一教法的重要性，因此將本人依恰美仁波切的教導而作的解說，出版為英文版書籍。

這次台灣的喇嘛策凌（編注：即本書中譯噶瑪策凌確準）以大虔信與大精進，將此書翻譯為中文，並出版為《大手印大圓滿雙運》一書，我由衷感到歡喜，也向出版社工作人員敬致謝忱。同時，我也祈願本書讀者的心續中，能生起大手印、大圓滿雙融的了悟。

僕 堪布卡塔 敬上

前言

既甚深，又簡明易懂

2000年與2001年，堪布卡塔仁波切在紐約州屋士達鎮，噶瑪三乘法輪寺(KTD)每年的十天教學中，教授噶瑪恰美仁波切所撰《大手印與大圓滿雙融心髓：聖大悲觀世音菩薩實修教示》(The Quintessence of the Union of Mahamudra and Dzokchen: Practical Instructions of the Noble Great Compassionate One, Chenrezik)。仁波切於2001年至2007年繼續教授廣軌版本《大手印與大圓滿雙融精要：聖大悲觀世音菩薩實修教示》(The Essence of the Union of Mahamudra and Dzokchen: Practical Instructions of the Noble Great Compassionate One, Chenrezik)。

這部十分精簡的大手印與大圓滿雙運教法，原是十七世紀西藏的大師瑜伽士噶瑪恰美仁波切於虎年的三天期間傳授的。之後，商人魯請求教授法本，所以噶瑪恰美仁波切親自寫了下來，一如過往，噶瑪恰美仁波切以無盡的慈心與無限的悲心來教導，目的是要引導修行者（他的重點是在修行者，而非學者）能夠認知他們的心性。

堪布卡塔仁波切，當今藏傳佛教噶舉傳承最偉大的上師之一，以無盡的慈悲、寬宏與智慧教導我們，仁波切對噶瑪恰美仁波切這部著作的典雅論述，簡明易懂，又不失清晰與完全，令初學者甚至是資深學員都能接受。仁波切教學所使用的噶瑪恰美仁波切的著作取材於「口訣藏」(Dam Ngak Dzo)——蔣貢康楚羅卓泰耶的

「五寶藏」(Five Treasuries)之一。

《大手印與大圓滿雙融心髓：聖大悲觀世音菩薩實修教示》包含大手印與大圓滿雙運的心要——最純淨、最精要的形式。以八首道歌組成的這部著作，是詩歌與佛法的非凡結合體，描述完整的證悟之道。此書開始的基本題目包括「止的禪修」、「轉心向法四思維」以及「前行法」（四加行），接著是「生起次第」與「圓滿次第」的重要教授，最後則清楚地解說死亡時刻的遷識。

在全書中，噶瑪恰美仁波切對大手印與大圓滿道歌給予無價的洞察，指出兩者的差異，但最終則頌揚它們的根本一體。噶瑪恰美仁波切曾說過：他的教授正如大鵬金翅鳥——一種有翅膀的動物，如本書封面（編註：英文版）所描繪，象徵著本初智慧——是鳥也是人，他的教授是大手印，同時也是大圓滿。

如堪布卡塔仁波切在書中的論述，「大手印與大圓滿兩者指出相同的本質。並非有兩種不同的本質，不是說有些人有大手印的本質，而另一些人有大圓滿的本質；也不是說那會成就兩種不一樣的佛，有大手印之佛與大圓滿之佛。」

我們深深感激仁波切的妙言甘露，我們也感謝能有機會以此書分享仁波切的教學。

噶瑪三乘法輪寺 編輯

摩琳・瑪克尼可拉斯，彼德・凡・得仁

Maureen McNicholas and Peter van Deurzen

噶瑪恰美仁波切畫像，Wendy Harding繪

原著作者

噶瑪恰美仁波切　略傳

噶瑪恰美仁波切（西元1613-1678年），是第十世噶瑪巴時代的大成就者，在學問與禪修上是具有最高的證悟與成就者之一。他為了利益所有追求法道的修行者，著書立說超過上百冊。噶瑪恰美仁波切在一生中，曾經從50位以上的偉大上師處求取法教，包括第十世噶瑪巴確映多傑，以及第十世噶瑪巴的根本上師確吉旺秋。

為增益弟子信心，而說自傳

這部傳記是噶瑪恰美仁波切描述自己的生活。取材自噶瑪恰美的《恰美山居法》(Karma Chakme's Mountain Dharma)，藏文稱為「瑞確」(Ri Cho)。它是以心靈修行傳記（藏文為「南沓namthar」）的傳統形式呈現出來。事實上「南沓」不僅只是傳記而已，它是完整解脫道的解釋，通常在傳法教授之前會先提到，以建立學生的信心。

傳記的起首是傳統的梵文祈願「敬禮上師」(NAMO GURU DHARMESHVARA)，噶瑪恰美仁波切在表達對上師的尊敬與虔誠後，他向觀想在頭頂上，對面虛空中，與上師心無別的所有上師與本尊祈請。

傳統上，偉大的證悟者在開示了義教學前，會謙虛地表示自己不是因絲毫自負或驕傲才開講。因此噶瑪恰美仁波切一開始便說自己出生於貧困的家庭，無論在世間法或在修行上都不具有任何的證量。雖然人們給了他喇嘛（上師）的頭銜，他自己只是一個平凡的人，沒有任何的功德可言。「**我的功德與證悟是如此稀少，如果說我有任何功德或證量的話，你還不如說兔子長有鹿角！**」

噶瑪恰美仁波切說，「**儘管我的背景，以及我缺乏任何禪修與證悟的功德，一位對我有完全信任與信心的人，請求我給予教授並著述，不只是這麼一個人請求此次的教授與傳記，還有許多轉世的喇嘛，許多大官員，以及許多大格西都有相同的請求。雖然有成群的學生聚集著要聽我說法，我並不以這個事實為傲。我給予教學，僅希望我所說的對學生會有些許利益和用處，就像是啃著蘿蔔乾一般。**」

西藏有句諺語：即使你是完全的困頓與潦倒，至少你可以啃蘿蔔乾。蘿蔔乾在西藏被視為是最糟的食物之一。換句話說，至少你還可以存活；噶瑪恰美仁波切的意思是說，即使在最差的狀況下，依靠他的教授，你至少還擁有你的最低所需。

「我有責任，把上師給的口傳教法傳下去…」

為了回應給予教授的請求，而且希望利益所有的眾生，噶瑪恰美仁波切說，因為他從許多轉世的喇嘛與上師處得到所有這些教法的口傳，因此他有責任傳授這些教法。將這口傳的傳統延續下去，一字一字地，不使這口傳之流中斷，是他的責任。他進一步宣稱，他自己不是給予口傳的人，**「我將這口傳供養給所有參加這教授的人，就如同你們對本尊獻曼達一樣。雖然我自身沒有特殊的功德，讓我有力量能給予這個口傳；然而因為我曾經從具有如此功德的上師處得到了這些，我以完全圓滿的敬意，將這不間斷的傳承教授之流供養給諸位。」**

噶瑪恰美仁波切敘述關於他此生與過去生轉世的一些授記。**「西藏有一位偉大的上師，同時也是伏藏師，名字叫明就多傑，他取出許多的伏藏法，包括阿彌陀佛的儀軌。明就多傑與我在過去數百生中具有師徒的密切觀係。甚至我們兩人同時化現在下三道時，我們仍然保持著朋友的關係。」**

被視為觀音的化現，慈悲的化身

根據明就多傑的說法，噶瑪恰美被視為是慈悲力量之化現，因為他是觀世音菩薩的化現之一。這也說明了為什麼人們有時候說噶瑪恰美是噶瑪巴的化身，因為噶瑪巴也是觀世音菩薩的化現。

西藏另一位偉大的上師，杜鐸多傑(Dudul Dorje)曾經說過，噶瑪恰美是蓮花生大士時期的大譯師之一，與大譯師毗盧遮那(Vairochana)同一時期。在那一世，他的名字是色那列克(Sena Lek)，他同時也是一位非常有名的伏藏師。此外，據說噶瑪恰美與西藏國王松贊干布的族系有關。噶瑪恰美說雖然他可能被稱為「這個的化身與那個的化身」，他自己對這種情況的解釋不太一樣。

在輪迴的六道中，已有六佛出世，這象徵著一切眾生皆具有佛性。「因此我也應該具有佛性。從前的大師必定是指我具有的佛性，而不是指我的修行具有證悟。在經教上，我們談到如來藏(tathagatagarbha)，佛性，這是我們大家都具有的。如此，即使偉大的上師曾說我是某位大伏藏師的化身，我做這些開示時並不帶任何的驕傲。」

「假如你真正想知道我是誰，我曾做過什麼，我可以說，我來自於一個無知的階級。」在此書撰寫的年代，階級制度十分強烈，而最低的階級被稱為「無知的階級」，所以噶瑪恰美仁波切在這裡把自己擺在最低下的社會階層。「然而有一位叫做貝瑪旺扎的瑜伽修行士，宣稱我是他的兒子，是一位瑜伽士，另外有四位公認具證悟、不可思議力量的成就者，也說我屬於瑜伽的傳承。即使真如偉大的上師們所說，我屬於偉大瑜伽士的一員，那對我又有什麼用呢？那對我沒有絲毫作用，就彷彿我是一個偉大的統治者，但卻沒有臣民一般，有什麼益處呢？」以此方式，噶瑪恰美再次聲明，當他給予這些開示時，他沒有絲毫自負或驕傲的感覺。

「我把持戒，看得比命還重要…」

「我僅有的功德是，我從小就受了比丘的具足戒。在兩百五十三條完整的僧侶戒律中，我很高興能夠說自己持守了四根本戒，並且將持戒看得比我自己的生命還寶貴，我甚至不曾破戒過。其他的支分戒律十分難持守。西藏有個說法，損毀支分戒的原因就如

同雨滴，它會從四處降下，我或許曾經破損過支分戒，但是我很清淨地持守根本戒，不曾破損過。」

噶瑪恰美仁波切是位很受愛戴的上師，關於這一點他說：「**不論我到什麼地方，而且在任何地方坐下來傳法開講，所接受到的供養與禮物如雨一般地降下。我不知道這樣的供養對我有益或是障礙，不知究竟是魔予或是天賜。**」無論它們可能是什麼，他說他從不曾破損過菩提心三昧耶戒。三寶是他的見證，他宣稱他從沒有濫用或浪費任何的供養。「**我用這些物資與錢財禮物建造大佛像、供養我的上師們。在行供養與造大佛像時，我始終保持謙卑，我不曾自負或驕傲地認為我正在做偉大的事情。無論如何，我能夠做這些供養的任何能力，實際上都是上師與本尊的加持。**」

他接著提到他自己修行的細節：「**我修習過一百位本尊，而在每一法中，我都在夢境中得到某些覺受或證悟的徵兆，還有其他不平常的跡象。然而即使有這些徵兆，我從不曾感到自大，我一直過著樸實、謙卑的生活。我不曾對他人吹噓自己的功德或覺受。**」

「在修習這些法時，我完成了許多本尊咒語的持誦，由於如此，我經驗到許多的力量，這些力量可能會被凡夫濫用來制服他們的敵人。我可以很容易地那麼做，因為有許多人曾經惹惱了我，他們或許曾令我生起過瞋怒或憎恨，但我從不曾這樣地用過咒語的力量。由於信任法的保護，無論障礙或負面影響在任何時生起，

我不認為它們是敵人，當你不認為它們是敵人時，憎惡的負面感覺剎那間就會被燒掉，就如同蛾的翅膀被火燒毀一般。」

「說我是禪修者，這是可以接受的。」

「我修習過許多其他的法，沒有一樣我不曾傾力學習，這些全仰仗50位非凡的上師。由於這些學習、本尊法的口傳、以及密咒法的完成，我感到自己十分富有。我盡了最大的努力去完成每一件我所做的事情，年輕時我曾跟隨許多的上師研讀、學習，並且完成所有這些項目，現在這些對我極有用處，因為學生們的需求如此多且不同。這樣，我就像一個擁有許多貨品的商人——任何學生的需求，我都可以提供，感謝我過去偉大的上師們。」

當他直接談論到自己禪修的經驗時，噶瑪恰美仁波切說：「當我從上師處領受心性指引的教授時，為接受那些教授，我在當時已經準備得非常好，以至於我完全沒有任何的分心或散亂。事實上，我沒有覺察到散亂或不散亂的狀況，處於一種超越『是或不是』的情境，我能夠安住於與自身無別的法身境界。由於與法身無別，沒有散亂心，我能夠從上師處領受到心性的口訣，完全安住在那美好的境界中，我全然沒有任何自大或傲慢。」

「當我接受心性指引的口訣時，我感受到諸佛的心與我的心無二無別，不僅諸佛的心與我的心無別，我也感受到六道眾生的心與我的心是無分別的。不僅如此，我實際上感受到我與一切時間及空間，過去、現在與未來，無有分別，甚或超出時間與空間。所

有的一切，我的心與證悟者及眾生的心，如同水溶於水般無二無別。」

這是噶瑪恰美仁波切談到他自己的覺受。他警告說，有時候初學者在思維證悟者與眾生心的無分別性時，他們可能會認為：「好吧，那麼一切就變成一，一整個宇宙心。」噶瑪恰美說，不是這樣的。**「雖然我感覺或者體驗到這種無分別性，但是我同時很清楚的，單獨且個別地感受到所有眾生本具的能量與本質，就像是一件事物在鏡子中清晰、精確的映像一般。鏡中的映像無實質，同樣地，雖然每一物是如此明晰、特別，它同時也是無實存的。」**

噶瑪恰美聲明，由於他體驗到所有這一切，也許可以稱自己是一位禪修者，他不是真正說自己是一位偉大的禪修者，但是他的確說：**「說我是一位禪修者，這或許是可以接受的。」**

「因為過去的祈願，我有能力以開示利益眾生。」

噶瑪恰美說，他修習了印度與西藏大瑜伽士的儀軌，當他修持時，從來不曾經驗到這些證悟者直接或親身的化現。**「但是在夢境中，或在其他神奇、不可思議的方式下，我曾體驗到這些證悟者的許多證悟與顯現。我無法肯定地說，這些究竟是惡魔的顯現，或者他們真正是瑜伽士本身，但在我經驗到這些顯現時，我同時感受到心靈的平靜。它提升了我心靈修行的證悟，因此這肯定是種徵兆，這些不是惡魔的化現，而是過去的證悟者或瑜伽士的一種確切證悟與加持。」**

「雖然我不具備對他人開示任何世間法或佛法的資格，但因為我與偉大的上師明就多傑維持非常深厚的連結，因為我隨侍過許多上師，並且因為我過去的祈請與發願，似乎我現在有能力可以經由開示來利益眾生。每當我將那些得自於上師們的灌頂、口傳或教授傳予弟子時，他們總是得到利益。」

「這些口傳教授不曾中斷的進一步證明是，我的弟子都獲得了利益，而且有許多已經證得高度的了悟。弟子能夠快速體驗到成就的唯一理由是，我與我所有的上師之間有非常堅固、清淨的三昧耶戒。弟子感受到我與我的上師間純淨無瑕的三昧耶戒，他們對教法得到信心，而且信任教法。基於此，許多都已達到高度的證悟，有些弟子尚未能開展心的平靜或止，他們的心時常散亂受到干擾，而無法憶念他們的前世。即使是所有這些人，在接受了這不間斷的口傳教授，並致力於修習後，他們逐漸地在夢境中，或在其他奇妙或神奇的幻象下，對前世有了一些瞥見。」

「我的上師，確吉旺秋，訓誨我不要批評人，不管他們是好或壞，也不論他們是敵或友。由於不批評他人，你就有可能積聚善業，即使沒有積聚任何善業，你也肯定不會累積惡業。如我上師所教誨的，任何時候當我與人說話，不論他們和我親疏與否，我總是努力以謙虛、坦率、盡可能誠實、無有批判的態度來解釋每一件事。」

「因為如法修持，我清楚記得自己許多過去生…」

在此書的前面，噶瑪恰美談到，假使一個人如理如法地修持，不僅在此生能夠證悟，同時也能夠憶起過去生的經驗。現在他敘述一些自己過去生的記憶，那些他都記得非常清晰。

「**我曾在菩提迦耶見到釋迦牟尼佛，我也曾見過阿難尊者。我見過尊者龍樹菩薩，我見過班智達和空行母。**」當尊者龍樹菩薩圓寂時，他的首要弟子班智達非常傷心，坐著哭泣。那時有許多空行母出現，對班智達說，他不需要哭泣或感到悲傷，因為在未來會有偉大的上師出現，他們會同樣利益眾生。噶瑪恰美承認他在釋迦牟尼佛時，以及在龍樹菩薩時是一位僧侶，這些不只是聖觀，它們是真實的記憶。

噶瑪恰美也記得他曾在密勒日巴的洞穴，稱為尤牧康日(Yolmo Khangri)，這個神聖的洞穴位在今日尼泊爾中間，現今有許多堪布竹清嘉措的弟子在那裡修行。當密勒日巴在尤牧康日洞穴內修行時，噶瑪恰美化身為五大女護法之一的辛炯(Zhing Kyong)，出現在洞穴內，他記得自己的這個形相，如同一位女山神，和其他四位女護法參與薈供，供養密勒日巴。

「**我記得我是西藏國王赤松德贊三個兒子中最年幼的那位，我的名字是敬詠色那列(Jing Yon Sena Lek)；我記得自己曾是第一世噶瑪巴杜松虔巴的侍者；我記得我曾是中國的皇帝，同時是第三世噶瑪巴讓炯多傑的弟子，我邀請他到中國。我曾經是西藏康**

波省(Kongpo)的一位瑜伽士，在康波省我取出大圓滿教法的一部重要神聖的伏藏法。而身為瑜伽士的我，有許多兒子，我供養其中一位給噶瑪巴，期望他能學習教法，並成就噶瑪巴的身、語、意，並且能夠圓滿法身、報身與化身三身的成就。

我記得自己曾經是西藏首府拉薩街上的一個商人，在那時我贊助人們持誦十億遍的六字大明咒：嗡嘛尼唄美吽。我記得許多像這樣的事跡，這裡一些，那裡一些地分散著；不僅是一生，而是許多生；不僅是一些經驗，而是許多的經驗。然而在任何這些記憶中，我既沒有希懼、驕傲，也沒有自負。」

在告訴我們他過去生的一些事跡後，噶瑪恰美轉向他此生的故事。當他年輕時，他全心投入佛法的修行，交替著閉關修行與參加法會。13歲時，他獨自閉關修持觀世音菩薩法門，閉關圓滿後，他開始對向他求法的每一個人給予灌頂、口傳與教授。「人們似乎很喜歡聽我的教授以及我在閉關時的經驗，而且許多弟子都供養我物資與錢財。」

「即使我現在聚集了許多弟子，並且他們也給予了大量的供養，我仍然維持著一個受具足戒僧侶的簡樸且完全符合佛法的生活方式。人們通常會對我生起極大的信任與信心，因為我的生活方式與佛法戒律始終如一。由於這種信任與信心，我聚集了越來越多的弟子，以及越來越多的供養，我把所有這些供養回獻給寺廟與大喇嘛們，以個人供養他們，並且建造佛像等等。我從不曾為我自己保留一點滴的供養。」

「我死後，將直接投生在阿彌陀佛的淨土…」

恰美仁波切繼續說著，「**如果我能將我的生命完全投入到佛法修行上，而且能夠去閉關，那是多麼美好啊！但如果我不能將生命奉獻在修行佛法上，如果我不能去閉關，並且如果我的心只是全然散亂地四處遊蕩，那我還不如死去的好。我已經達到不去擔憂是否能活得長久與否的地步。根據授記，因為我致力於修行，我死亡的那一剎那，將立刻出生在阿彌陀佛淨土極樂世界的蓮花上；往生之後，我將直接從阿彌陀佛處得到教授。因為我對預言有完全的信心，確信那肯定會發生，因此我既不擔心，也不冀望壽命的長短。**」

「**由於一些弟子可能不熟悉阿彌陀佛的這些預言，那可以在經教內，在大成就者明就多傑的教授中，以及在古老的伏藏教法中找到。為了增加你們的了解，並且消除你們心中的疑惑，我想在這裡簡短的敘述一下。**」

「**預言記載說，在我命終的剎那，我的神識將立刻轉生在極樂世界阿彌陀佛尊前的蓮花上，我會是受具足戒比丘的形相，並從那形相將有五種化身向五方放射：第一種化身是藍色，投射入東方藥師佛淨土，實行藥師佛事業以利益眾生。**

第二種化身去到西北方，蓮花生大士誕生地鄔地雅那的方向，呈現綠色忿怒的顯相，其佛行事業是要保護所有修持明就多傑與我其他上師之教法的眾生，以及所有佛法的修行者。

第三種化身將會生在偉大伏藏者明就多傑的族系，而他的事業是要在末法時期發揚密續教法。

第四種化身將化現為我的上師(確吉旺秋)的姪兒，去完成我上師的事業，尤其是佛教噶瑪岡倉傳承的教法。據說這位姪子，由於往昔的祈禱與發願，將能為西藏帶來和平。

第五種化身將在所謂的賢劫，人壽達六百歲的時期，生在印度的菩提迦耶。我在賢劫時期的事業是要圓滿十六阿羅漢的佛事。」

「當第五種化身，也就是以具足戒比丘相，生在菩提迦耶的化身，圓滿其事業時，並且在我入涅槃時，所有這五種化現將會融合為一，回到以具足戒比丘相顯現在極樂世界阿彌陀佛尊前蓮花上的那一主要源頭。屆時我將不會再投生到世界的任何地方，我將達到完全的證悟，號為無垢蓮花佛。雖然我處於阿彌陀佛淨土，我化身的面色為白色，在我獲得完全證悟時，所有與我結過緣的人，不論是聽聞我的教法，或是與我的任何化身或事業有因緣的人，會即刻投生在我的佛土。」

「在敘說所有關於我自己的這些預言中，可能看起來好像我在吹噓，但是任何我可能開展出的功德，都可在所有眾生中找到。只是為了個人的名利，來杜撰一個故事，實在是偽善，而且與佛法的修行完全矛盾，尤其在這情況，假使我——做為你們的上師，要對你們——我的弟子說謊，惡業將會深重巨大到不僅我自己，而且任何人，只要他們相信並且依此謬誤之言行事，都將會墮入惡道。由於害怕造作如此的惡業，我可以向你們保證，我沒有誇大其詞，或是對任何這些事情撒謊。更確切地說，我應金剛法友之請求，僅只是解釋我真實的生平故事而已。」

「因為這些預言是真實的，我感到很自在地告訴你們這一切。我此處所說的非常簡略，是依據我記得的告訴你們，因此形式不是很有條理，那些有興趣想了解更有條理、更清晰版本的人，應該閱讀我向應我的上師：尊者明就多傑的要求而寫的傳記。由於這些題材是如此的清晰精準，有可能讀者或許會生起邪見，而使他們受到傷害，基於這個理由，我請求只有那些得過灌頂或口傳的人，才能閱讀我的傳記。」

釋論作者

堪布卡塔仁波切　略傳

堪布卡塔仁波切出生於東藏康地惹修（青海省玉樹）地區。他是在木鼠年（西元1924年）2月29日，大黑天護法的吉祥日清晨日出時誕生。那一天的清晨，仁波切的母親到溪邊汲水，並且獨自扛著整壺的水回家，沒有任何痛苦地立刻生下仁波切。根據西藏的傳統，所有這些特殊的境況都象徵著非常吉祥的誕生。

仁波切的父親是一位虔誠、專修文殊菩薩法的修行者，總是不停地唸誦文殊菩薩經典，經常在夜晚入睡前持誦著文殊菩薩經典，當他清晨醒來時能從前一夜停止處接續持誦著經文。他的修行非常深厚，甚至當動物死亡時都能利益它們，而為人稱道。在仁波切幼年時，便由父親教授讀、寫以及學習、背誦佛教典籍。

12歲出家，35歲流亡出西藏

仁波切小時候就決定追隨他兩位兄長的道路，他們兩位都是僧侶。12歲時，仁波切進入東藏措恩地區的創古寺，在這個寺廟學習及修行。

18歲時，仁波切到楚布寺參訪第十六世大寶法王的駐錫地，那時大寶法王年紀也是18歲，還很年輕，不能傳授比丘戒，因此第二年仁波切便在八蚌寺（現今四川省甘孜德格縣內），由第十一世大司徒仁波切處得受比丘戒。

接受比丘戒後，仁波切回到創古寺，參加每年一度的結夏安居（夏季三個月的閉關）。不久，仁波切加入創古寺特有的大日如來一年團體閉關，在那次閉關將結束時，仁波切十分熱切地希望能參與傳統的三年閉關，之後他很快地進入了三年閉關。

完成三年閉關後，仁波切表達了他衷心希望能終生閉關的願望。他到他叔父的一棟小屋內開始終生的閉關，但是一年後，第八世察列仁波切(Traleg Rinpoche)建議他出關去接受蔣貢康楚仁波切的口傳教授，並且和創古仁波切與其他喇嘛們，一齊進入創古寺新成立的佛學院學習。當時佛學院由堪布洛卓惹色(Khenpo Lodro Rapsel)主持。察列仁波切認為堪布仁波切在數年的閉關中已經獲得覺觀與證悟，進一步的教育對他以及未來眾多的學生與弟子將更有利益。

第二世蔣貢康楚仁波切、第八世察列仁波切，以及第十六世大寶法王都是堪布仁波切的主要上師。

1954年，當時仁波切30歲，完成了進階的訓練時，他獲得了堪布的頭銜。接下來的四年，他擔任創古仁波切的侍者與教師，他們一齊旅行、學習，而且彼此教學相長。

1950年末期，中國的威脅對西藏人民造成了日益危險的情勢，1958年仁波切隨同創古仁波切、祖魯圖古仁波切(Zuru Tulku

Rinpoche)，以及年僅三歲的第九世察列仁波切離開了創古寺。

他們一群人騎著幾匹馬，帶著一些物資展開了長途的跋涉。兩星期後，他們發現已被共產黨軍隊包圍，他們設法逃脫了，但是有七天之久沒有任何食物可吃。在這時，年長的祖魯圖古仁波切從馬背上跌落，因此喇嘛索南（堪布仁波切的弟弟）在後來的旅途中一路背負著他。

最後他們遇見一群遊牧人民，供養了他們一些物資，兩個半月後，他們到達位於拉薩附近的楚布寺，第十六世嘉華噶瑪巴以他甚深的聖觀，警覺到迫在眉睫的危險，因此告訴他們應該立刻前往錫金。大寶法王給了他們一些必需品，於是喇嘛們就在1959年3月離開了楚布寺。

▍逃亡印度時不幸染重病▍

一行人很快抵達西藏和不丹的邊界，當時不丹政府不願開放通行，結果他們在封鎖的邊境停留了一個月，直到達賴喇嘛取得了許可，讓難民進入印度。仁波切們於是去到印度與不丹邊界的巴克色達爾(Buxador)地區，印度政府在那裡成立了難民營。

當時有超過1500位的僧人住在巴克色達爾那裡，他們的願景是要維持並保存佛法。那時炎熱的氣候和缺乏衛生的環境，使得疾病迅速地在難民營蔓延。在那兒的第八年，仁波切病得非常嚴重。

1967年仁波切去到錫金隆德寺，那是噶瑪巴在印度的駐錫地，仁波切在那兒教導僧人，並為當地佛教團體主持各種佛法經懺。在他健康持續惡化的狀況下，大寶法王派他去帝洛普(Tilokpur)寺教學，那是大寶法王和阿尼帕嫫在喜馬偕爾邦(Himachel Pradesh)成立的尼師寺院。之後，仁波切來到同樣座落於喜馬偕爾邦的吉祥邑寺(Tashi Jong Monastery)，在那兒他從頂果欽哲仁波切接受了口訣藏(Dam Ngak Dzo)的灌頂、口傳與教授。

當仁波切在那裡時，健康狀況好轉了些，但是回到隆德寺後，他的病情又再次惡化。於是大寶法王派他去不丹的吉祥法林寺(Tashi Choling Monastery)，不幸，他的健康又持續惡化，嚴重到不得不長期住院。

1975年大寶法王從美國回到印度時，仁波切回到隆德寺。同年仁波切獲得大寶法王賜予確覺喇嘛(Choje-Lama)的頭銜，意思是「尊聖法師」。

1978年開創法王北美弘法事業

過去多年來仁波切患了肺病，此時已瀕臨死亡，仁波切請求第十六世大寶法王准許他去閉關度過餘生。但相反的，大寶法王要求仁波切到美國，代表他去成立噶瑪三乘法輪寺(Karma Triyana Dharmachakra—KTD)，大寶法王在北美洲的法座。

起初由於他的疾病，申請不到簽證，但不久仁波切得到一種專為接受醫藥治療而准許進入美國的特殊簽證。1976年2月，仁波切雖然身體非常的羸弱，仍然登上了飛機，來到一個與他東藏家鄉截然不同文化的環境中，開始了作為佛法上師的生活。

當仁波切抵達紐約時，迎接他的是天津穹尼(Tenzin Chönyi)與喇嘛耶謝洛薩(Yeshe Losal)。他們是仁波切在等待簽證時，噶瑪巴事前派來的。堪布卡塔仁波切一到達美國，立刻被送進紐約的一家醫院，住院一個月接受治療。過了一年，仁波切的體重恢復了，而且也重獲健康。

多年後，當第十六世噶瑪巴再到美國訪問時，仁波切感謝大寶法王救了他一命，大寶法王回答說，如果當時他留在印度的話，將難逃一劫。在他初康復時，仁波切與天津穹尼、喇嘛耶謝洛薩、喇嘛貢噶與耶謝南達搬到紐約州布南郡(Putnam County)，由大寶法王的一位虔誠弟子沈家禎博士所供養的一棟房子休養，每周仁波切會從那裏去紐約市教授，紐約市的上課地點後來成為美國最早的噶瑪三乘法輪寺(Karma Thegsum Choling—KTC)之一。

不久更多的中心成立了。當大寶法王於1977年到美國訪問時，開始尋找北美洲大寶法王法座的永久駐錫地。大寶法王曾告訴堪布仁波切應該在1978年薩噶達哇吉祥日(Saga Dawa)為新的中心動土。

在那年的年初他們在紐約州屋士達鎮群山間找到了一塊很好的土地，購買了草原山莊(Mead Mountain House)，噶瑪三乘法輪寺(Karma Triyana Dharmachakra)動土的日期（1978年，藏曆4月15日，即1978年5月25日）就是第十六世噶瑪巴指示仁波切的日子。從那時起，堪布卡塔仁波切始終以溫煦、直接的方式廣泛地給予弟子教授，傳遞噶舉傳承慈悲的智慧。

尊貴的堪布卡塔仁波切是紐約州屋士達鎮噶瑪三乘法輪寺的住持。噶瑪三乘法輪寺是西藏佛教噶舉傳承的精神領袖嘉華噶瑪巴在北美洲的駐錫地。仁波切同時也是噶瑪林(Karme Ling)三年閉關中心的指導上師。閉關中心座落於紐約上州，目前（中譯注：2007年英文版出書時）第四期傳統的三年閉關即將圓滿，而第五期的學員正在準備入關。（中譯注：第五期閉關學員即將於2012年3月圓滿出關）

根本頌

༄༅། །འཕགས་པ་ཐུགས་རྗེ་ཆེན་པོའི་དམར་ཁྲིད་ཕྱག་རྫོགས་ཟུང་འཇུག་གི་ཉམས་ལེན་སྙིང་པོ་བསྡུས་པ་བཞུགས་སོ།།

聖大悲觀世音菩薩實修教示
大手印大圓滿雙融心髓

གནས་མདོ་བཀའ་བརྒྱུད་ཀྱི་ཟབ་ཆོས་ཡང་དག་པའོ།།

聶多噶舉甚深正法

噶瑪恰美仁波切／著・堪布卡塔仁波切／釋論・噶瑪策凌確準／中譯

一

ན་མོ་མ་ཧཱ་ཀཱ་རུ་ཎི་ཀཱ་ཡེ།

頂禮大悲觀世音菩薩

མདོ་རྒྱུད་གཞུང་ལུགས་རྒྱ་ཆེ་གྲངས་མང་ཡང་། །ཚེ་ཐུང་ཤེས་རབ་ཆུང་བས་མཐའ་ཚོད་དཀའ།།

經續論典浩瀚無窮數，壽短智慧淺薄難遍曉。

མང་དུ་ཤེས་ཀྱང་ཉམས་སུ་མ་བླངས་ན། །རྒྱ་མཚོའི་འགྲམ་དུ་སྐོམ་གྱིར་ཤི་དང་འདྲ།།

縱使多識如若不修行，猶如大湖畔前渴致死，

མཁས་པའི་མལ་དུ་ཐ་མལ་རོ་འབྱུང་སྲིད། །མདོ་རྒྱུད་ལུང་དང་རྒྱ་བོད་མཁས་གྲུབ་གསུང་།།

學者榻上卻躺凡夫屍。經續印藏智者之教言，

བྱིན་རླབས་ཆེ་ཡང་ཕལ་པས་གོ་བ་དཀའ། །གྲྭ་སར་བཤད་པ་བྱེད་ན་མཁོ་ལགས་ཀྱང་།།

加持極大凡夫難思量，義理開演於寺誠亟需，

རྩེ་གཅིག་ཉམས་སུ་ལེན་ལ་དགོས་པ་ཆུང་། །དེ་བས་རྒན་མོ་འཛུབ་ཚུགས་སེམས་ལ་ཕན།།
但於專一修行少效用，老婦直指於心更受益。

ཕྱག་རྫོགས་ལ་སོགས་ཟབ་ཆོས་དཔག་མེད་རྣམས། །སོ་སོའི་རང་གཞུང་མ་འཆུག་ངེས་པ་ཅན།།
大印大圓無量甚深法，各自典籍獨特具決定，

ཆོས་བརྒྱུད་སློབ་མར་སྤེལ་ན་མཁོ་ལགས་ཀྱང་། །རང་དོན་ཕྱི་མའི་དོན་གཉེར་ཉམས་ལེན་ལ།།
傳承持者轉法誠亟需，但為來生自利之修持，

ཐམས་ཅད་གཅིག་ཏུ་དྲིལ་ནས་ཉམས་ལེན་ཟབ། །ཆོས་ལུགས་མ་འཆོལ་ཁ་གཙང་ཚུགས་བཟང་བ།།
總集為一之法是深義。無亂清淨善立之教派，

གྲུབ་མཐའ་བསྟན་པ་འཛིན་ལ་དགོས་མོད་ཀྱི། །ཕྱི་མའི་དོན་གཅིག་ཁོ་ན་བསམ་པ་ན།།
於諸宗輪大師誠亟需；但若唯思來生之利益，

ཕྱོགས་རིས་མེད་པར་དག་སྣང་སྦྱོང་ན་ཟབ། །བླ་མ་གཅིག་ལ་གཅིག་ཆོག་བློ་གཏད་པ།།
修行無派淨相為深義。於一上師具足堅信心，

དེ་ཡི་བུ་ཆེན་བྱེད་ན་དགོས་ལགས་ཀྱང་། །རང་ལ་ཉམས་རྟོགས་ཡོན་ཏན་སྐྱེ་འདོད་ན།།
於彼心子法嗣誠亟需；然欲自身生起證悟德，

འབྲེལ་ཐོགས་བླ་མ་ཐམས་ཅད་གཅིག་ཏུ་བསྡུས། །རིགས་ཀྱི་བདག་པོར་བསྒོམས་ནས་གསོལ་འདེབས་ཟབ།།
聚諸具緣上師融為一，觀為部主祈請為深義。

ཡི་དམ་རྒྱུད་སྡེའི་ལྷ་ཚོགས་མང་པོ་ཡི། །བསྐྱེད་རིམ་སོ་སོའི་བསྙེན་སྒྲུབ་སོ་སོ་བ། །
本尊續部極多本尊眾，各有生起次第近修法，

བླ་ཆེན་དབང་བསྐུར་བྱེད་ལ་མཁོ་ལགས་ཀྱང་། །སྒྲིབ་པ་སྦྱངས་ཤིང་དངོས་གྲུབ་ཐོབ་པའི་ཐབས། །
此為上師灌頂所亟需；但為淨障成就悉地法，

ཐམས་ཅད་ཀུན་འདུས་ལྷ་གཅིག་སྔགས་གཅིག་ཟབ། །རྫོགས་རིམ་དམིགས་བཅས་དམིགས་མེད་མང་པོ་རྣམས། །
總集一尊一咒為深義。有緣無緣圓滿次第法，

ཁྲིད་ཁ་མང་པོ་འཆད་ལ་མཁོ་ལགས་ཀྱང་། །རང་ལ་ཉམས་རྟོགས་ཡོན་ཏན་སྐྱེ་བའི་ཐབས། །
為諸講演導師所亟需，然為自生證德之方便，

ཐམས་ཅད་གཅིག་བསྡུས་ངོ་བོ་སྐྱོང་ན་ཟབ། །སྤྲོས་པ་ཕྱི་ནས་གཅོད་དང་ནང་ནས་གཅོད། །
總攝安住自性為深義。戲論自外及與自內斷，

ལྟ་བའི་སྟོན་ལུགས་མི་གཅིག་མང་ན་ཡང་། །ཐབ་ཀྱི་མེ་བསད་དུ་བ་རང་འགགས་ལྟར། །
見地教授非一有多種，然如灶火若熄煙自滅，

ནང་དུ་རང་སེམས་རྩ་བ་གཅོད་པ་ཟབ། །མཚན་བཅས་མཚན་མེད་སྒོམ་ལུགས་མང་ན་ཡང་། །
從內斬斷心根為深義。有相無相諸多禪修法，

གསལ་སྟོང་ཟུང་འཇུག་བསྐྱེད་རིམ་དྲན་རྫོགས་ཟབ། །སྤྱོད་པ་མཐོ་དམན་རྩིང་ཞིབ་མང་ན་ཡང་། །
明空生次念圓為深義。行持雖有高低粗細別，

དགེ་སྒྲུབ་སྡིག་སྤང་ཅི་ནུས་འབད་པ་ཟབ། །འབྲས་བུ་ཐོབ་དུས་ཐོབ་ལུགས་མང་བཤད་ཀྱང་། །
精進行善遮惡為深義。得果之時果法有多說，

ལྟ་སྒོམ་སྤྱོད་པ་མ་འཁྲུལ་ཉམས་བླང་ན། །ངེས་པར་ཐོབ་པའི་ངེས་ཤེས་ལྡན་པ་ཟབ། །
若能修持無誤見修行，確信得果堅信為深義。

བསྟན་ལ་ཕན་ཕྱིར་ཚབས་ཆེན་སྡིག་ལྟུང་སོགས། །ས་ཐོབ་སེམས་དཔའ་རྣམས་ལ་མི་སྒྲིབ་ཀྱང་། །
為利佛教犯惡罪墮等，於諸登地菩薩不為障，

རང་རེ་ངན་སོང་གསུམ་ལ་སྐྲག་པའི་ཕྱིར། །སྡིག་ལྟུང་ཐེ་འབགས་མེད་པར་འཛེམ་པ་ཟབ། །
吾等凡夫畏墮三惡趣，警惕無犯罪墮為深義。

ཡར་མཆོད་མར་སྦྱིན་འབྲི་དང་ཀློག་པ་སོགས། །རང་དོན་མིན་པར་འགྲོ་བ་སྤྱི་ཡི་དོན། །
上供下施書寫讀誦等，為利廣大眾生非自利，

འཁོར་གསུམ་དམིགས་མེད་བསྔོ་བ་རྒྱས་འདེབས་ཟབ། །ཟབ་ཆོས་གདམས་པའི་གླུ་སྐྱེ་དང་པོའོ། །། །།
三輪體空迴向為深義。此為教示深法第一曲。

二

ཀྱེ་མ་ཧོ།
耶瑪霍(稀有哉)！

བསྐལ་པ་མང་སྟེ་དམ་ཆོས་དར་བ་དཀོན། །ཞིང་ཁམས་མང་ཡང་སངས་རྒྱས་འབྱོན་པ་དཀོན།།
時劫雖多佛法出現難，剎土雖多佛陀出世難，

སངས་རྒྱས་བྱོན་ཡང་བསྟན་པ་གནས་པ་དཀོན། །འགྲོ་དྲུག་ནང་ནས་མི་ལུས་ཐོབ་པ་དཀོན།།
佛陀縱降佛法住世難，縱生六道人身獲得難。

གླིང་བཞིའི་ནང་ནས་འཛམ་གླིང་སྐྱེས་པ་དཀོན། །འཛམ་གླིང་ནང་ནས་དམ་ཆོས་དར་བ་དཀོན།།
四大部洲南瞻出生難，南瞻部洲佛法出現難，

དེ་རུ་སྐྱེས་ཀྱང་དབང་པོ་ཚང་བ་དཀོན། །དབང་པོ་ཚང་ཡང་དམ་ཆོས་དྲན་པ་དཀོན།།
縱生彼處諸根俱全難，諸根雖具能思正法難。

དམ་ཆོས་འདོད་ཀྱང་བླ་མ་མཚན་ལྡན་དཀོན། །དེ་དང་མཇལ་ཡང་ཉམས་ཁྲིད་ཐོབ་པ་དཀོན།།
雖欲學法具格師遇難，縱遇上師體驗傳授難，

གལ་ཏེ་ཐོབ་ཀྱང་དབང་གིས་སྨིན་པ་དཀོན། །དེ་གཉིས་འཛོམ་ཡང་རང་ངོ་འཕྲོད་པ་དཀོན།།
雖得傳授熟灌得賜難，縱二具足自性直認難。

དཀོན་ཚད་ཐམས་ཅད་ད་རེས་རྙེད་པ་འདི། །སྐབས་ལེགས་མ་ཡིན་སྔོན་གྱི་སྨོན་ལམ་ཡིན།།
種種稀有現今咸具足，非是巧合實因昔願力，

ད་རེས་འཁོར་བ་འདི་དང་རྒྱབ་ཀྱིས་ཤིག །མ་ཐུབ་ན་ནི་རིན་ཆེན་གླིང་ནས་ནི། །
斷絕輪迴努力正是時，若無力者猶如寶山遊，

ལག་པ་སྟོང་པར་འོང་ལས་མེད་པར་ངེས། །ཕྱི་ནས་འདི་འདྲ་འཛོམ་པ་ཨེ་སྲིད་ཙམ། །
兩手空空決定無功返。爾後如是諸緣能得否？

ཁྱད་པར་གསང་སྔགས་བླ་མེད་རྡོ་རྗེ་ཐེག །བྱམས་པ་མན་ཆད་སངས་རྒྱས་སྟོང་གིས་ནི། །
尤其無上密咒金剛乘，彌勒菩薩以降之千佛，

གསུང་བར་མི་འགྱུར་ཐོབ་པའི་རེ་བ་མེད། །ད་རེས་ཐོབ་དཀའི་མི་ལུས་རིན་ཆེན་འདི། །
將無宣說欲學誠無望。於此珍貴難得之人身，

ཐོབ་པའི་དོན་ལ་བེད་གཅིག་མ་སྤྱོད་ན། །རིང་པོར་མི་ཐོག་བསྐྱུར་ནས་འདོག་པ་སྟེ། །
倘不使用從事證覺利，於時無多終須自拋棄，

བྱ་ཁྱིས་ཟ་འམ་མེ་ཡིས་བསྲེག་རྒྱུ་ཡིན། །ད་རེས་སྙིང་པོ་མེད་ལ་སྙིང་པོ་ལོངས། །
或為犬鳥吞噬或火燒，此世應轉無義成具義。

ཞུས་པའི་སྡོམ་པ་དམ་ཚིག་གཙང་མར་སྲུངས། །ཉ་སྟོང་བརྒྱད་གསུམ་བསྙེན་གནས་སྡོམ་པ་སྲུང་། །
所受淨戒誓言嚴守護，望晦八三齋戒應持守，

ལག་པ་བེད་བཙད་བརྒྱ་ཕྱག་རྒྱུན་དུ་འཚོལ། །རྐང་པ་བེད་བཙད་རྟེན་ལ་བསྐོར་བ་མཛོད། །
善用雙手恆常行百拜，善用雙足環繞於所依，

ལྕེ་ལ་བེད་བཅད་ཆོས་སྤྱོད་ཡིག་དྲུག་འབུངས། །ལོངས་སྤྱོད་བེད་བཅད་མཆོད་སྦྱིན་ཚོགས་གསོག་འབད།།
善用口舌日修誦六字，善用財富供施積資糧，

སེམས་ལ་བེད་བཅད་སྟོང་ཉིད་སྙིང་རྗེ་སྒོམས། །ད་ལྟ་འབྱུང་བཞིས་གཡར་བའི་སྒྱུ་ལུས་འདི།།
善用心續禪修空與悲。今日四大假借之幻身，

བེད་བཅད་བྱས་ནས་གཏད་དགོས་བྱུང་ཡང་བཟོད། །རྟ་ཁལ་ལམ་བརྒྱགས་བཟང་བའི་མགྲོན་པོ་བཞིན།།
善用時居待還須安忍，猶具馬馱路糧之旅人，

འགྲོ་དགོས་བྱུང་ཡང་སྡུག་བསྔལ་ཡོད་པ་མིན། །ཐོབ་དཀའི་མི་ལུས་ལ་སྙིང་པོ་ལེན་པའི་གླུ་སྟེ་གཉིས་པའོ།། །།
雖須往返而無諸苦惱。此為第二人身難得精義歌。

三

ཀྱེ་མ་ཀྱི་ཧུད་ཨ་ཙ་མ་ན་ཨང་། །སྣོད་ཀྱི་འཇིག་རྟེན་ནམ་ཞིག་མེ་ཆུས་འཇིག།
縱喚嗚乎哀哉或唉呀！外器世間終為水火滅，

ལོ་ཡང་མི་རྟག་ལོ་སྐོར་རིམ་པར་འཕོ། །ནམ་ཟླ་དུས་བཞི་ཚ་གྲང་ས་མདོག་བརྗེ།།
年歲無常全年次第逝，月分四季冷暖地色變，

ཉི་མ་ཤར་ནུབ་དུས་ཚོད་ཡུད་ཡུད་འགྲོ། །བཅུད་ཀྱི་སེམས་ཅན་སྐྱེ་ཀ་ན་དང་འཆི།།
太陽昇落時刻須臾逝，世間有情生老病與死，

མི་རྟག་འགྱུར་བ་ཆུ་ཡི་གཉེར་མ་འདྲ། །དངོས་པོར་གྲུབ་པའི་འདུས་བྱས་ཐམས་ཅད་ལ།།
無常變化猶如水漣漪，器物所成一切有為法，

གཅིག་ཀྱང་རྟག་པར་གནས་པ་མི་སྲིད་དེ། །སྐྱེས་མཐའ་འཆི་དང་བརྩིགས་པའི་མཐའ་ནི་འགྱེལ།།
無一能夠恒常住於世，生必死亡建設終傾倒，

དར་མཐའ་རྒུད་དང་བསགས་པའི་མཐའ་ནི་འཛད། །འདུས་མཐའ་འབྲལ་བ་འདི་ནི་ཟློག་ཐབས་མེད།།
盛必衰敗積聚終耗損，聚必分離無法可遮止，

རྫོགས་སངས་རྒྱས་དང་རང་རྒྱལ་དགྲ་བཅོམ་པ། །མཆོག་དང་ཐུན་མོང་དངོས་གྲུབ་ཐོབ་རྣམས་ཀྱང་།།
圓滿佛陀緣覺與羅漢，已得殊勝共通成就者，

ཐམས་ཅད་མཐར་ནི་སྐུ་ལུས་སྤང་དགོས་ན། །དེ་ལ་ལྷག་པ་སུ་ཞིག་གང་དུ་ཡོད།།
所有終須棄捨此身軀，何方有誰較彼更超勝？

ཚངས་པ་བརྒྱ་བྱིན་འཁོར་ལོས་སྒྱུར་རྒྱལ་དང་། །གླིང་ཕྱེད་དབང་དང་རྒྱ་བོད་ཧོར་སོགས་ཀྱི།།
梵天帝釋以及轉輪王，半洲之王印藏蒙等地，

རྒྱལ་པོ་ཆེན་པོ་རྣམས་ཀྱང་འཆི་དགོས་ན། །བསོད་ཆུང་ཕལ་པ་ནམ་འཆི་ཅི་ཆ་ཡོད།།
諸大君主命終亦須死，少福凡夫確定終將亡，

ནད་རིགས་བཞི་བརྒྱ་བགེགས་རིགས་སྟོང་ཕྲག་བརྒྱད། །ཚེ་དང་སྲོག་ལ་གནོད་བྱེད་དཔག་ཏུ་མེད།།
疾疫四百障礙八千種，壽命禍害其數無窮盡，

རླུང་གསེབ་མར་མེ་འདྲ་འདི་ནམ་འདའ་ཡང་། །དཔེར་ན་གསོད་སར་འཁྲིད་པའི་བཙོན་བཞིན་དུ།།
此如風中油燈何時滅？猶如引領死囚至刑場，

ལོ་ཟླ་ཞག་དུས་སོང་ཞིང་འཆི་དང་ཉེ། །འཆི་བདག་གཤིན་རྗེ་དེ་དང་ནམ་ཐུག་ཨང་།།
年月日時漸逝命終近，值遇閻羅死主何時至？

སྨན་དང་སྲུང་བ་རིམ་གྲོས་ནད་པ་རྟུགས། །ཏུག་གི་ཐུག་པའི་དུས་ཤིག་ནམ་འོང་ཨང་།།
病者藥護祈禱失效用，與彼乍遇之期何時至？

ཉི་མ་ནུབ་རིའི་རྩེ་ལ་ཕྱིན་པ་ལྟར། །བཟློལ་ཐབས་མེད་པའི་དུས་ཤིག་ནམ་འོང་ཨང་།།
猶如西日落於山之巔，無可挽回之期何時至？

ཉེ་དུ་འཁོར་གཡོག་མང་ཡང་ཁྲིད་དབང་མེད། །གཅིག་པུར་འགྲོ་བའི་དུས་ཤིག་ནམ་འོང་ཨང་།།
身旁僕役雖眾無力引，獨身離去之日何時至？

ལོངས་སྤྱོད་ཆེ་ཡང་ཞག་བརྒྱགས་ཁྱེར་དབང་མེད། །ལག་སྟོང་འགྲོ་བའི་དུས་ཤིག་ནམ་འོང་ཨང་།།
家財雖富路資無力攜，空手離去之期何時至？

ཆ་མེད་ཡུལ་དུ་རྒྱུས་མེད་གཅིག་པུར་འཁྱམས། །གར་འགྲོ་ཆ་མེད་དུས་ཤིག་ནམ་འོང་ཨང་།།
陌生之地迷失獨飄零，無主魂遊之期何時至？

ན་ཚ་ཟུག་གཟེར་ཆེ་ཡང་བགོ་ཐབས་མེད། །སྡུག་རེས་གཅིག་ལ་བབས་དུས་ནམ་འོང་ཨང་།།
病痛之苦雖劇無能分，悲慘獨受之期何時至？

ཐིམ་རིམ་སྣང་མཆེད་འོད་གསལ་ངོས་མི་ཟིན། །ཅི་བྱ་གཏོལ་མེད་དུས་ཤིག་ནམ་འོང་ཨང་།།
消融次第顯增明不識，無能為力之期何時至？

སྒྲ་འོད་ཟེར་གསུམ་ཞི་ཁྲོའི་ལྷ་ཚོགས་འཆར། །ཉེས་ཆེན་མི་གཅིག་དམག་གིས་བསྐོར་བ་ལྟར། །
聲光芒三寂忿尊現起，猶如要犯為軍眾所圍，

དངངས་སྐྲག་འཇིགས་སྣང་ཆེན་པོ་ནམ་འོང་ཨང་། །འཇིགས་ཤིང་ཡ་ང་གཤིན་རྗེའི་པོ་ཉས་ཁྲིད། །
驚恐顯相之期何時至？怖畏閻王差役來拘提，

ལྷན་སྐྱེས་ལྷ་དང་འདྲེ་ཡིས་དགེ་སྡིག་བཤད། །རྫུན་གྱིས་མི་ཕན་མེ་ལོང་ཡིག་ཆུང་གསལ། །
俱生鬼神述說善惡業，狡辯無益明鏡纖縷現，

སྡར་བྱས་འགྱོད་པའི་དུས་ཤིག་ནམ་འོང་ཨང་། །དགེ་བ་འདོད་ཀྱང་ཉོ་སྐྱི་འཚོལ་ཁུང་མེད། །
怨悔造業之期何時至？欲求善業無處可買借，

གཤིན་རྗེའི་རྒྱལ་པོས་དཀར་ནག་ཤན་འབྱེད་བྱེད། །དེ་དུས་འགྱོད་མེད་ད་ལྟར་མ་བསྒྲུབ་ན། །
閻羅死主為判善與惡，彼時無悔現若不修行，

རང་གིས་རང་བསླུས་འདོ་མེད་སྙིང་མེད་ཡིན། །ད་ལྟ་མེ་སྟག་ཐོག་པ་མི་བཟོད་ན། །
自欺欺人糊塗且懦弱。此生難忍火花觸其身，

མི་ཡི་མེ་ལས་དམྱལ་མེ་བདུན་འགྱུར་ཚ། །འཆི་རྒྱུ་མེད་པར་བསྐལ་པར་བཙོ་དང་བསྲེག །
地獄火熱七倍於凡火，求死不得長劫遭焚煮，

བྱེད་པར་ཤེས་ན་ཅི་བྱ་སེམས་ལ་དྲིས། །དགུན་ཁ་ཞག་གཅིག་གོས་སྲབ་མི་བཟོད་ན། །
試問彼時汝將如何處？寒冬一日薄衣不能忍，

བསྐལ་པར་གོས་མེད་འཁྱག་པའི་སྦུབས་སུ་འབྱར། །འཆི་རྒྱུ་མེད་པར་བྱུང་ན་ཅི་འདྲ་བྱེད།།
長劫無衣黏貼於冰管，求死不得試問如何處？

ད་ལྟ་ངག་བཅད་བསྲུང་ན་ཀླད་ཡུ་འཁོར། །ལོ་གྲང་སྟོང་ཐུག་ཟས་སྐོམ་སྒྲ་མི་གྲགས།།
今時守護斷食頭暈眩，千年耳邊不聞飲食名，

འོན་ཀྱང་འཆི་མི་ནུས་ན་ཅི་འདྲ་ཡོད། །ད་ལྟར་ཁྱི་ཀན་ཟེར་ནས་གྲི་མགོ་འཕྱུར།།
然而求死不得似如何？今時人喚老狗刀相向，

དངོས་སུ་ཁྱི་ལུས་བླང་ན་ཅི་འདྲ་བྱེད། །ད་ལྟ་དམག་དང་དགྲ་ལ་བྲོས་པས་ཆོག།
若真取為狗身似如何？今時處敵軍中猶可逃，

ལྷ་མིན་ཡུལ་དུ་སྐྱེས་ན་ཇི་ལྟར་བྱེད། །ད་ལྟ་གྲལ་ཙམ་དམའ་ན་ཐུག་རྡུ་སྐྱེ།།
若生修羅域界似如何？今時座位低下惱怒生，

ལྷ་ལུས་ལྷུང་བའི་སྡུག་བསྔལ་བཟོད་པར་དཀའ། །ངན་སོང་གསུམ་ན་སྡུག་བསྔལ་བཟོད་ཐབས་མེད།།
天身下墮之苦極難忍，三惡趣中痛苦無法忍，

ལྷ་མིའི་བདེ་བ་མི་རྟག་འགྱུར་ལྡོག་ཆེ། །སྐྱེ་རྒ་ན་འཆི་ཆུ་བོའི་གཉེར་མ་འདྲ།།
天人之樂無常變易大，生老病死猶如水波紋。

འཁོར་བའི་སྡུག་བསྔལ་རྒྱ་ཆེ་གཏིང་ཟབ་ལ། །མཐའ་མེད་ཐར་དུས་མེད་པའི་འཇིགས་ཧུང་མང་།།
輪迴苦痛廣闊深無底，無邊無解脫時之恐怖，

འདི་ལ་སྐྲག་ཕྱིར་སྡིག་ལ་དུག་ལྟར་འཛེམ། །འདི་ལ་ཕན་པའི་དམ་ཆོས་སྨན་ལྟར་བསྟེན། །
於此畏故於惡如避毒，於此利故正法如服藥，

འདི་ལ་སྐྱོབ་པའི་དཀོན་མཆོག་དཔོན་དུ་ཁུར། །དེ་ལྟར་བཤད་པའི་དོན་དེ་མ་གོ་ན། །
於此護佑三寶依如師。此處所說義理若未曉，

མངོན་སུམ་བལྟ་རྒྱུ་གདའ་བ་འདི་རྣམས་ལྟོས། །དེང་སང་རྒྱལ་པོ་ཆེན་པོའི་དམག་བསྡུས་ཀྱང་། །
直接觀照此等現行事，縱彼大王力能召其軍，

ཁྲི་ཕྲག་བཅུ་ལས་མང་བར་འདུས་དཀའ་སྟེ། །མངའ་ཞབས་ན་ཡང་མི་ལུས་ཐོབ་ཚད་ལ། །
大軍之數難逾十萬眾，縱彼百姓已獲人之身，

འབུམ་ཕྲག་བཅུ་ལས་མང་བ་ཡོད་ཤས་ཆུང་། །དབྱར་ཁ་རི་སོགས་རེ་ཡི་འབུ་སྲིན་གྲངས། །
其數能逾百萬實稀有。盛夏每一山邊之蟻數，

རྒྱལ་པོ་ཆེན་པོའི་མངའ་ཞབས་མི་བས་མང་། །རྒྱ་གྲོག་རེ་རེའི་ཚང་གི་གྲོག་མ་ཡང་། །
超過國王統轄之子民，即便任一蟻窩之蟲蟻，

རྒྱལ་པོ་ཆེན་པོའི་དམག་དཔུང་བས་ཀྱང་མང་། །མི་ལུས་ཐོབ་དེ་ཨེ་དཀའ་དེ་ལ་ལྟོས། །
多過國王大軍之數量，應觀獲得人身本難否！

ཕ་མ་གཅིག་ཅིང་རྒོད་ཞན་མཉམ་པའི་སྤུན། །ལ་ལ་ཕྱུག་ཅིང་ལ་ལ་དབུལ་དང་ཕོངས། །
父母賢愚相等之手足，或為富貴或為貧且困，

ལ་ལ་ཚེ་ཐུང་ནད་མང་སྡུག་བསྔལ་ཆེ། །ལ་ལ་ནད་དཀོན་ཚེ་རིང་ཡུན་རིང་བདེ།།
或為壽短多病多苦難，或為病少長壽且安樂。

མི་ལུས་རིན་ཆེན་ཐོབ་པ་འདྲ་འདྲ་ལ། །ལ་ལ་བཙན་ཞིང་ལ་ལ་ཉམ་ཆུང་བ།།
於諸同獲寶貴人身者，或為權貴或為微且賤，

ལ་ལ་ཕྱུག་ཅིང་ལ་ལ་ལྟོགས་ཅིང་སྡུག །ཀོད་ཞན་མ་ཡིན་མཁས་དང་མི་མཁས་མིན།།
或為富裕或為飢又乏。非關賢愚亦非關善巧，

ཚེ་སྔོན་ལས་འབྲས་ཨེ་བདེན་དེ་ལ་ལྟོས། །བསྐལ་པ་ཆགས་ནས་ད་ལྟ་ཡན་གྱི་མི།།
應觀前世業果本真否！世界始成直至今之人，

སུས་ཀྱང་འཆི་བ་འཆོར་ཏེ་ཐབས་མ་རྙེད། །གཅིག་ཀྱང་ཚེ་ཐར་ལུས་པ་མི་གདའ་ན།།
雖懼生死然無法倖免，尚無一人脫死而住世。

རང་གི་ངོ་ཤེས་ཤི་བ་བགྲེ་བསྒྲང་ཐོང་། །ན་ཉིན་དུ་ཤི་ད་ལོ་དུ་ཤི་བ།།
計數己之熟識作古者，去年歿者或者今年亡，

རང་ཡང་དེ་བས་ལྷག་དོན་ཅུང་ཟད་མེད། །ཤི་བ་ཤེས་ཀྱང་དེ་དུས་ཆོས་མཁོ་བ།།
己較彼等無任何稍勝。雖知必死彼時需正法，

ཀུན་གྱིས་ཤེས་ཀྱང་ལོང་ཡོད་བསམ་པས་བསླུས། །དིང་སང་ཚེ་ཚད་བཞི་བཅུ་ཁ་རལ་གསུངས།།
雖皆知此自欺有餘暇。彼時人壽四十已老朽，

རང་དང་ན་མཉམ་རང་བས་གཞོན་པའི་མི། །དུ་ཤི་ཡིད་ལ་ཁྲིམ་ལ་བསམ་བློ་ཐོང་།།
與己等年或更年少者，心中思維眾多皆已亡，

དེ་ཚོས་ཀྱང་ནི་ད་རུང་མི་འཆི་བསམ། །དགྲ་འདུལ་གཉེན་སྐྱོང་འདུག་ཆེས་སྡིག་འགའ་བྱས།།
思己居齡然仍未死亡。降敵護友成家造惡業，

བསམ་ཐོག་མ་སོང་ཤོང་རྣམས་འཆི་བདག་ཁྲིད། །རང་ཡང་དེ་དང་འདྲ་བས་དམ་ཆོས་མཛོད།།
願望未遂閻王攜領去，己亦如彼應當修正法。

ཆོས་མ་དྲན་པས་ཆོས་ལ་འཛུད་པ་དང་། །ཆོས་ལ་ཞུགས་པ་མཐའ་རུ་ཕྱིན་པའི་ཐབས།།
不思法者趨入於法道，已入法者達究竟方便，

འཆི་བ་སྙིང་ནས་དྲན་པ་ཟབ་ཆོས་ཡིན། །གལ་ཏེ་འཆི་བ་སྙིང་ལ་མ་གཟེར་ན།།
心中憶念死亡最殊勝。設若死亡未能掛於心，

དམ་ཆོས་བྱུང་ཀྱང་ཚེ་ཐབས་རིམ་གྲོར་གོལ། །དེ་ཕྱིར་འཆི་བ་ཉིན་རེ་ལན་གསུམ་དྲུ།།
雖修正法僅能利此生，是故每日三思維死亡，

སྙིང་ལ་གཟེར་བར་དྲན་པ་ཟབ་ཆོས་སོ། །མི་རྟག་པ་དང་རྒྱུ་འབྲས་བསམ་པའི་གླུ་སྟེ་གསུམ་པའོ།། །།
掛於心中憶念是深法。此為思維無常因果之第三首道歌！

四

ཨེ་མ་དངོས་གཞི་དམིགས་པའི་སྐོར་འདི་ལ། །གོ་རྒྱུ་རེ་དང་བསྒོམ་རྒྱུ་སོ་སོར་ཡོད།།
誒瑪於此教法之主體，各自具有意義與禪境，

དང་པོ་གོ་རྒྱུ་འདི་ཚེ་གོ་བ་ལོང་། །དེ་ནས་བསྒོམ་རྒྱུའི་དམིགས་ཐུབ་ཙི་ནུས་སྒོམས།།
首先應於意義先瞭解，次於禪境盡力而觀修。

འཁོར་བའི་སྡུག་བསྔལ་གཞན་གྱིས་མི་སྐྱོབ་པས། །བསླུ་མེད་དཀོན་མཆོག་གསུམ་ལ་བློ་གཏད་བཅའ།།
輪迴苦痛無他能庇護，轉心向於真實之三寶，

མདོ་ལུགས་སངས་རྒྱས་ཆོས་དང་དགེ་འདུན་གསུམ། །སྔགས་ལུགས་བླ་མ་ཡི་དམ་མཁའ་འགྲོ་གསུམ།།
經教佛陀正法聖僧眾，密續上師本尊與空行，

དོན་ལ་བླ་མའི་སྐུ་གསུང་ཐུགས་སུ་འདུས། །ཅི་མཛད་ཁྱེད་ཤེས་བློ་གཏད་སྐྱབས་འགྲོ་ཡིན།།
究竟即為上師身語意，虔信尊為遍知即皈依。

རང་ཉིད་སངས་རྒྱས་ཐོབ་པས་མི་ཚོག་སྟེ། །སེམས་ཅན་ཐམས་ཅད་ཕ་མ་དྲིན་ཅན་ཡིན།།
自身證得佛果未為足，一切有情皆具恩父母，

དེ་དག་ཐམས་ཅད་སངས་རྒྱས་སར་འགོད་པའི། །སེམས་བསྐྱེད་རྒྱ་ཆེན་སངས་རྒྱས་ས་བོན་ཡིན།།
應全置彼佛陀之果位，發心廣大即生佛陀種。

རང་ཉིད་རྫོགས་པའི་སངས་རྒྱས་བསྒྲུབ་པ་ལ། །སངས་རྒྱས་སེམས་ཅན་གཉིས་པོ་བཀའ་དྲིན་མཉམ།།
自身欲證圓滿之佛果，佛陀眾生二者具恩等，

ཕ་རོལ་ཕྱིན་དྲུག་ཉམས་སུ་མ་བླངས་པར། །རྫོགས་པའི་སངས་རྒྱས་ཐོབ་པའི་ཐབས་མེད་པས།།
若不修持六波羅蜜多，無法證得圓滿之佛果。

སྦྱིན་པ་གཏོང་ཡུལ་སེམས་ཅན་དབུལ་ཕོངས་ཅན། །སྙིང་རྗེ་བསྒོམ་ཡུལ་སེམས་ཅན་སྡུག་བསྔལ་ཅན།།
布施對境貧困有情眾，慈心觀境苦難諸有情，

ཕན་ལོག་གནོད་སྐྱེལ་དགྲ་བགེགས་ཐམས་ཅད་ནི། །བཟོད་པ་སྒོམ་པའི་རྟེན་ཏེ་བྱང་ཆུབ་གྲོགས།།
以害報善一切敵障者，忍辱觀依菩提增上緣。

དེ་ལྟར་ཤེས་པས་ཕྱོགས་དང་རིས་མེད་པའི། །འགྲོ་ཀུན་བདག་ཉིད་ཁོ་ནས་སངས་རྒྱས་སར།།
如是了知無別無偏私，發起獨力引導諸眾生，

བཀོད་པའི་བསམ་བཟང་བློ་སྟོབས་བསྐྱེད་པ་ནི། །བྱང་ཆུབ་སེམས་བསྐྱེད་ཅེས་བྱའི་ཟབ་ཆོས་ཡིན།།
直至成佛善念之心力，此為發菩提心之深法。

མ་བཤགས་སྡིག་པ་ཆུང་ཡང་ལྡིད་པ་སྟེ། །ཞག་རེ་སོང་ཞིང་སྐྱེད་རེ་འགྲོ་བས་འཕེལ།།
不懺過患雖小轉深重，隨日流逝利息轉增長，

སྙིང་ནས་བཤགས་ན་མི་དག་སྡིག་པ་མེད། །མི་གཙང་འགོས་ཀྱང་ཆུ་ཡིས་བཀྲུ་དང་མཚུངས།།
至心懺悔無過不能淨，猶似以水能滌諸垢染。

སྔར་བྱས་སྡིག་པ་བཙན་དུག་ཁོང་སོར་ལྟར། །འགྱོད་པར་སྐྱེས་ན་དག་པར་སླ་བ་ཡིན།།
宿業罪障宛如劇毒液，發露懺悔罪障易清淨，

དེ་ཐུབ་བསམ་པའི་ང་རྒྱལ་དག་པར་དཀའ། །ཕྱིན་ཆད་མི་བྱའི་དམ་བཅའ་དྲག་པོ་བྱ།།
思己能之則我慢難淨。痛下誓願永不再重犯，

བྱས་ཀྱང་སྐྱོན་མེད་བཤགས་ཆོག་བསམ་པ་ན། །དེ་ཡིས་དག་པར་མི་འགྱུར་རྒྱལ་བས་གསུངས།།
若思造業無礙懺能免，所犯罪業難淨佛宣說。

དཀོན་མཆོག་ཀུན་འདུས་བླ་མ་སྤྱི་བོར་བསྒོམ། །དེ་དྲུང་བཤགས་པ་རྟེན་གྱི་སྟོབས་ཞེས་བྱ།།
三寶總攝上師觀於頂，座前懺悔即稱依止力，

བཤགས་ཐབས་མང་ཡང་ཡིག་དྲུག་ཟབ་པའོ། །ཚོགས་བསགས་གང་ཡང་ཅི་ནུས་འབད་བྱ་སྟེ།།
懺法雖多六字明最勝。任何資糧積聚皆盡力，

བྱ་སླ་བསོད་ནམས་ཆེ་བའི་མཎྜལ་འབུལ། །ཕྱོགས་བཅུའི་སངས་རྒྱས་བྱང་སེམས་གྲུབ་ཐོབ་ཚོགས།།
易行功德大者獻曼達。十方諸佛菩薩成就者，

དཔག་ཏུ་མེད་ཀྱང་མཇལ་བའི་ལས་དབང་མེད། །རང་ལ་དབང་བསྐུར་རྒྱུད་བཤད་མན་ངག་གནང་།།
其數無量無福不能遇，賜予灌頂續教及口訣，

སངས་རྒྱས་ཀུན་ལས་བླ་མ་བཀའ་དྲིན་ཆེ། །བླ་མ་ཐ་མལ་པ་ཞིག་ཡིན་ན་ཡང་།།
上師恩德大於諸如來。即使上師是為凡夫身，

རྡོ་རྗེ་འཆང་དུ་མོས་པས་གསོལ་བཏབ་ན། །ཉམས་རྟོགས་ཡོན་ཏན་སྐྱེ་ཞིང་འཕེལ་བ་ཡིན།།
敬為金剛總持而祈請，覺受證悟功德生且增，

སངས་རྒྱས་ཀུན་གྱི་ཐུགས་རྗེ་ཡིན་པར་བཤད། །དེ་ཕྱིར་བླ་མ་བསྒོམ་ནས་གསོལ་བ་བཏབ། །
說為諸佛如來之悲心，是故觀修上師並祈請。

ཆོས་ཀྱི་སྒོར་ཞུགས་དབང་ལུང་ཁྲིད་ཐོབ་ནས། །སྡོམ་པ་དམ་ཚིག་བསྲུང་བར་མ་ནུས་ན། །
入法門後得灌傳引導，倘不持守戒律與誓言，

སྨན་དཔྱད་དུག་ཏུ་སོང་ལྟར་ཕུང་བར་བྱེད། །སྲུང་ཚུལ་ཞིབ་པར་མི་ཤེས་བསྲུང་དཀའ་ཡང་། །
猶如醫藥轉毒作毀損。不知誓戒細微難守護，

དོན་རྩ་གཅིག་ཏུ་བསྡུས་ནས་བསྲུངས་པས་འཐུས། །ཅི་མཛད་ཁྱེད་ཤེས་དཀོན་མཆོག་བློ་ཁེལ་ན། །
若攝根要為一則能持。若能虔信三寶知應作，

སྐྱབས་འགྲོའི་སྡོམ་པ་ཐམས་ཅད་དེ་ལ་འཐུས། །གཞན་ལ་གནོད་པ་ནམ་ཡང་མི་སྐྱེལ་ན། །
即攝全部皈依之戒律。若不造作損他之惡行，

འདུལ་ཁྲིམས་སོ་ཐར་སྡོམ་པ་དེ་ལ་འཐུས། །དགེ་བ་ཐམས་ཅད་འགྲོ་བ་སྤྱི་ལ་བསྔོ། །
即攝一切分別解脫戒。一切善業迴向諸有情，

རང་གི་ཅི་ནུས་གཞན་ལ་ཕན་གདགས་ན། །བྱང་ཆུབ་སེམས་དཔའི་སྡོམ་པ་དེ་ལ་འཐུས། །
且自竭力饒益他眾生，即攝一切菩提薩埵戒。

རྩ་བའི་བླ་མ་ཡི་དམ་དབྱེར་མེད་ལྟ། །དེ་ལ་ལོག་ལྟ་ནམ་ཡང་མ་བྱུས་ན། །
根本上師本尊無別觀，且於彼尊恆不起邪見，

大手印大圓滿雙融心髓

གསང་སྔགས་དམ་ཚིག་ཐམས་ཅད་དེ་ལ་འདུས། །དེ་ལྟར་སྡོམ་པ་དམ་ཚིག་ལྡན་པ་ལ།།

即攝一切密咒三昧耶。如是具足戒律三昧耶，

བླ་མས་བྱིན་རླབས་ཡི་དམ་དངོས་གྲུབ་སྩེར། །མཁའ་འགྲོ་ཆོས་སྐྱོང་བར་ཆད་སེལ་བར་ངེས།།

上師加持本尊賜成就，空行護法決定除障礙。

དེ་ལྟར་གོ་ནས་བསྒོམ་རྒྱུའི་དམིགས་ཐུན་ནི། །རང་གི་སྤྱི་བོར་པདྨ་ཟླ་བའི་སྟེང་།།

如是了知禪修之境相，自身頂輪蓮花月輪上，

འབྲེལ་ཐོགས་རྩ་བརྒྱུད་བླ་མ་དཀོན་མཆོག་གསུམ། །ཐམས་ཅད་གཅིག་བསྡུས་འོད་དཔག་མེད་པ་བསྒོམ།།

具緣根傳上師與三寶，總攝為一觀為無量光。

སྐྱབས་འགྲོ་སེམས་བསྐྱེད་རྒྱས་བསྡུས་གང་ཤེས་བྱ། །བདག་གི་ལུས་དང་ལོངས་སྤྱོད་དགེ་རྩར་བཅས།།

任知長短皈依發心文，己之色身財富暨善根，

གླིང་བཞི་རི་རབ་རིན་ཆེན་སྣ་ཚོགས་ནི། །འབུལ་བར་དམིགས་ཏེ་མཎྜལ་ཚིགས་བཅད་བརྗོད།།

須彌四洲及各類珍寶，緣彼獻供並誦曼達偈。

སྔར་བྱས་སྡིག་ལ་འགྱོད་པས་བཤགས་ཚིག་དང་། །ཡིག་དྲུག་བཟླས་པས་འོད་དཔག་མེད་པ་ཡི།།

懊悔昔所造罪誦懺文，持誦六字所觀阿彌陀，

སྐུ་ལས་བདུད་རྩི་འོ་མ་འདྲ་བ་བབས། །ཚངས་བུག་ནས་ཞུགས་ལུས་ཀུན་གང་བ་ཡིས།།

從身降下如乳甘露水，由梵穴入全身皆充滿，

དུད་ཁུ་ལྟ་བུའི་སྡིག་སྒྲིབ་མ་ལུས་པ། །འོག་སྒོ་དང་ནི་རྐང་པའི་མཐིལ་ནས་ཐོན།།
宛如墨汁一切之罪障，由己下門及足心湧出，

ས་འོག་སོང་བས་འཆི་བདག་གཤིན་རྗེས་འཐུང་། །ངོམ་ཞིང་ཆེམས་པས་ཚེ་སྐྱིན་སློག་བླུ་གྱུར།།
滲入地底閻羅死主飲，飽足意滿償壽並贖命，

རང་ལུས་དྲི་མེད་ཤེལ་སྒོང་ལྟ་བུར་གྱུར། །དེ་ནས་སྤྱི་བོའི་བླ་མ་སངས་རྒྱས་དེར།།
自身轉為無垢水晶體。復於頂輪上師佛陀前，

དད་གུས་བསྐྱེད་ལ་གསོལ་འདེབས་གང་ཤེས་སམ། །གསོལ་འདེབས་སྙིང་པོ་བཛྲ་གུ་རུ་བཟླ།།
以敬信心虔誦祈請文，祈請心要誦金剛上師，

བླ་མ་དཀོན་མཆོག་ཀུན་འདུས་འོད་དཔག་མེད། །འོད་དུ་ཞུ་ནས་རང་ལ་དབྱེར་མེད་ཐིམ།།
三寶總集上師無量光，化光融入與己身無別，

སྐུ་གསུང་ཐུགས་དང་ལུས་ངག་ཡིད་གསུམ་པོ། །དབྱེར་མེད་ཆུ་དང་འོ་མ་འདྲེས་ལྟར་དུ།།
上師身語意與己之三，無別猶如水乳互交融，

དབང་དང་བྱིན་རླབས་ཐམས་ཅད་ཐོབ་པར་བསྒོམ། །དམིགས་ཐུན་གྱི་གླུ་སྟེ་བཞི་པའོ།། །།
觀己盡得灌頂與加持。此為第四座上觀修歌。

五

རྩ་བ་བསྐྱེད་རྫོགས་ཟུང་འཇུག་ལམ། །འདི་ལ་གོ་རྒྱུ་བསྒོམ་རྒྱུ་གཉིས་ཡོད་དེ།།

根本意義生圓雙運道，此中有二應知與應修。

སེམས་ཅན་ཀུན་གྱི་སེམས་ཉིད་ངོ་བོ་ནི། །ཡེ་ནས་སངས་རྒྱས་ངོ་བོར་བཞུགས་པ་སྟེ།།

一切有情其心之本質，從本以來即佛之本質，

ངོ་བོ་སྟོང་པ་ཆོས་སྐུ་སྐྱེ་མེད་ཉིད། །རྣམ་པ་གསལ་ལ་མ་འདྲེས་ལོངས་སྤྱོད་རྫོགས།།

其性為空無生之法身，其明無雜顯現乃報身，

ཐུགས་རྗེ་འགགས་མེད་སྣ་ཚོགས་སྤྲུལ་པའི་སྐུ། །དེ་གསུམ་དབྱེར་མེད་ཟུང་འཇུག་ངོ་བོ་ཉིད།།

悲心無滯種種之化身，彼三無別共運體性身，

ནམ་ཡང་འགྱུར་མེད་བདེ་བ་ཆེན་པོའི་སྐུ། །ཡེ་ནས་རང་ལ་རང་ཆས་བཞུགས་པ་དེ།།

恆時堅固不變大樂身。從始以來本具於自身，

སངས་རྒྱས་ཐུགས་རྗེ་བླ་མའི་བྱིན་རླབས་དང་། །ཆོས་ཀྱི་ཟབ་ཁྱད་གནད་ཀྱིས་བྱུང་བའང་མིན།།

如來慈悲上師之加持，甚深殊法精要皆非因，

ཡེ་ཤེས་གདོད་ནས་དེ་ལྟར་ཡོད་པ་ཡིན། །དེ་དོན་མདོ་སྔགས་ཐམས་ཅད་བཤད་པ་མཐུན།།

本來自始如實而存在，彼義順一切經續所說。

འོ་ན་འཁོར་བ་ཅི་ཕྱིར་འཁྱམས་ཞེ་ན། །རང་གིས་རང་ངོ་མ་ཤེས་འཁྲུལ་བས་ལེན།།
然則何故飄蕩於輪迴？只因迷惑不識自之性，

དཔེར་ན་གསེར་གྱི་སྙིང་པོ་ཡོད་པའི་མིས། །གསེར་ངོ་མ་ཤེས་ལྟོགས་སྡུག་མཐོང་དང་འདྲ།།
譬若有人擁有金爐石，不識金性故遭飢苦熬。

དེ་ཉིད་བླ་མས་ངོ་སྤྲོད་བཀའ་དྲིན་ཆེ། །གསེར་ངོ་སྤྲད་ཀྱང་ལྟོགས་ལ་མི་ཕན་ཏེ།།
上師大恩直指使識彼，但識金性無助解飢餓，

དེ་ཉིད་བཙོང་དང་ཟས་བསྒྱུབ་བཟོ་བཏགས་དང་། །བཙོས་གཡོས་བྱས་ནས་ཟོས་ན་བཀྲེས་པ་འགྲང་།།
必售彼物置辦食物烹，或炒或烤食畢飢方解，

དེ་བཞིན་བླ་མས་ངོ་སྤྲོད་བྱས་པ་དེ། །ཉམས་སུ་བླང་ན་འཁྲུལ་པ་སེལ་ཏེ་གྲོལ།།
同理上師直指識本性，必待行持除惑方得脫。

དེ་ལྟར་རང་སེམས་སངས་རྒྱས་ཡིན་པ་ནི། །ཐེག་ཆེན་མདོ་དང་གསང་སྔགས་རྒྱུད་སྡེ་མཐུན།།
如是自心即是佛陀寶，大乘經教密續所共許，

འོན་ཀྱང་མདོ་ནས་རང་ལུས་སངས་རྒྱས་སུ། །ངོ་སྤྲོད་མེད་པས་ལམ་ཐག་རིང་བ་སྟེ།།
然而自身是佛經教中，無有直指距離極遙迢，

བསྐལ་པ་གྲངས་མེད་གསུམ་ནས་སངས་རྒྱས་ཐོབ། །བླ་མེད་ཚེ་གཅིག་སངས་རྒྱས་ཐོབ་པའི་ཐབས།།
三大阿僧祇劫方成佛。無上密續一世成佛法，

རང་ལུས་ལྷ་རུ་ངོ་སྤྲོད་པ་ཡིས་ཟབ། །དེ་ཕྱིར་རང་ལུས་ལྷ་ཡི་དཀྱིལ་འཁོར་དུ།།
深法直指自身即本尊，故於自身本尊之壇城，

བདེ་མཆོག་གསང་འདུས་བཀའ་བརྒྱད་ལ་སོགས་པ། །བླ་མེད་རྒྱུད་སྡེ་ཀུན་ནས་རྒྱས་པར་གསུངས།།
勝樂密集八大黑魯嘎，無上瑜伽密續廣宣說。

མདོར་བསྡུས་ཕུང་པོ་ལྔ་ནི་རིགས་ལྔ་སྟེ། །ཁམས་ལྔ་ཡུམ་ལྔ་ཚོགས་བརྒྱད་སེམས་དཔའ་བརྒྱད།།
簡言五蘊即為五方佛，五大五母八識八菩薩，

ཡུལ་བརྒྱད་སེམས་མ་བརྒྱད་དུ་གསར་རྙིང་མཐུན། །ཁྱད་པར་སྙིང་དབུས་ཞི་བ་བཞི་བཅུ་གཉིས།།
八境八女新舊教共許。特言心中四二寂靜尊，

མགྲིན་པའི་གནས་སུ་དག་པ་རིག་འཛིན་ཚོགས། །ཀླད་པའི་ནང་དུ་ཁྲག་འཐུང་ལྔ་བཅུ་བརྒྱད།།
喉間住有清淨持明眾，腦部之內五八飲血尊，

རྩ་རླུང་ཐིག་ལེའི་ཚུལ་དུ་དངོས་སུ་བཞུགས། །དེ་ལྟར་སྙིང་དང་མིག་གི་རྩ་འབྲེལ་ནས།།
實際現為氣脈及明點。如彼心及眼之氣脈連，

རྫོགས་ཆེན་ནམ་མཁའ་འཇའ་འོད་ཐིག་ལེ་འཆར། །འཆི་དུས་ལུས་ཀྱི་ལྷ་ཚོགས་ལུས་ནས་ཐོན།།
大圓虛空虹光明點現。死時身中本尊脫離身，

ནམ་མཁའ་བར་སྣང་གང་བར་དངོས་སུ་འཆར། །དེ་ཉིད་ལྷ་རུ་མ་ཤེས་གཤིན་རྗེར་མཐོང་།།
真實顯現遍滿虛空界，不識為尊誤認為死主，

སྔངས་སྐྲག་འཇིགས་སྣང་བརྒྱལ་འཐོགས་ངན་སོང་ལྟུང་། །དཔེར་ན་དགྲ་འཇིགས་ཆེ་བའི་ལམ་སོ་ནས། །
恐懼畏怖昏迷墮惡趣。譬若具怖敵軍之前路，

བསུ་མི་འོང་བ་དགྲ་ཡིན་སྙམ་ནས་བྲོས། །རྗེས་སུ་བསྙེགས་པས་དེད་པར་མཐོང་ནས་སྐྲག །
視迎接者為敵驚恐逃，彼若隨後懼誤為追趕，

ངོ་ཤེས་ན་ནི་སྐྲག་མེད་དགའ་བ་ལྟར། །ཡི་དམ་ལྷ་རུ་ཤེས་ན་ཞིང་ཁམས་བགྲོད། །
倘識彼等無懼反歡喜。若識彼為本尊往淨土，

དེ་ཉིད་ད་ལྟ་གོམས་འདྲིས་བྱ་བའི་ཕྱིར། །ཐོད་རྒལ་ཐིག་ལེ་ཐིག་ཕྲན་བལྟ་བའོ། །
欲使此生熟悉彼理故，應觀脫噶光球與光點。

དཔེར་ན་དངུལ་རྡོ་དངུལ་ནི་ཡིན་ན་ཡང་། །བཞུ་བདུལ་མ་བྱས་དངུལ་གོ་མི་ཆོད་ལྟར། །
譬若銀礦雖然即是銀，未經冶煉不能當銀使；

རང་ལུས་ཡི་དམ་ལྷ་ཡི་དཀྱིལ་འཁོར་དུ། །ཤེས་པས་མི་ཆོག་བསྒོམས་པས་དངོས་སུ་གྲུབ། །
自身即為本尊之壇城，僅知不足實修乃得成。

དཔེར་ན་འོ་མ་མར་གྱིས་ཁྱབ་མོད་ཀྱང་། །མ་བཤིག་ན་ནི་མར་དུ་མི་འགྱུར་ལྟར། །
譬若乳中酥油雖遍滿，不經攪拌不能成酥油；

རང་སེམས་སངས་རྒྱས་ཡིན་པར་གོ་ན་ཡང་། །མ་བསྒོམས་པ་ལ་སངས་རྒྱས་མི་འགྱུར་རོ། །
雖然能知自心即是佛，若不禪修不能成佛陀；

དེ་དོན་ཤེས་པར་མཛོད་ལ་ཉམས་སུ་ལོངས། །ཡི་དམ་མང་ཡང་འཕགས་པ་སྤྱན་རས་གཟིགས། །
了知彼義當下實修行。本尊雖多聖者觀世音，

ཡི་དམ་ཀུན་འདུས་བོད་ཀྱི་ལྷ་སྐལ་ཡིན། །བསྐྱེད་ལུགས་རྒྱས་བསྡུས་མང་ཡང་དྲན་རྫོགས་འདི། །
諸尊總攝雪域之本尊，廣略生次雖多此念圓，

ཉམས་སུ་ལེན་བདེ་ཤེས་པར་སླ་བ་ཡིན། །དེ་ཕྱིར་རང་ལུས་ཐུགས་རྗེ་ཆེན་པོའི་སྐུ། །
禪修易行理解亦淺顯。是故自體觀為大悲身，

དཀར་པོ་ཞལ་གཅིག་ཕྱག་བཞི་གཞུང་ལྟར་བསྒོམ། །ཐུགས་ཀར་པདྨ་དཀར་པོ་འདབ་དྲུག་གི །
色白一面四臂如經說，心間六瓣白色之蓮花，

ལྟེ་བར་ཧྲཱིཿདང་འདབ་དྲུག་ཡི་གེ་དྲུག །ཐམས་ཅད་ལངས་ནས་ཁྲ་དང་ཧྲིག་གེ་བསྒོམ། །
中心舍字六瓣為六字，全體直立觀修亮而明。

ཧྲཱིཿཡིག་མི་འགྱུལ་ཡིག་དྲུག་གཡས་སུ་འཁོར། །དེ་ལས་འོད་ཟེར་ཕྱོགས་བཅུར་འཕྲོས་པ་ཡིས། །
舍字不動六字右旋轉，由彼光明照耀向十方，

ཕྱོགས་བཅུའི་སངས་རྒྱས་བྱང་སེམས་ཐམས་ཅད་མཆོད། །ཐམས་ཅད་ཐུགས་རྗེ་ཆེན་པོའི་སྐུར་གྱུར་ནས། །
供養十方諸佛與菩薩，彼皆化為大悲觀音身，

ཆར་ལྟར་བབས་ནས་རང་ལ་སིབ་སིབ་ཐིམ། །སླར་ཡང་ཡི་གེ་དྲུག་ལས་འོད་ཟེར་འཕྲོས། །
如雨降落滲融自身中。復次由彼六字放光明，

རིགས་དྲུག་སེམས་ཅན་ཀུན་གྱི་སྡིག་སྒྲིབ་སྦྱངས། །ཐམས་ཅད་ཐུགས་རྗེ་ཆེན་པོའི་སྐུར་གྱུར་ནས། །
淨化六道有情諸罪障，彼皆化為大悲觀音身，

ཀུན་གྱི་ཡི་གེ་དྲུག་པ་འུར་དིར་དིར། །སྣོད་ཀྱི་འཇིག་རྟེན་བདེ་ཆེན་ཞིང་དུ་བསྒྱུར། །
全體齊誦六字嗡嗡響，器之世間化為極樂土。

རེས་འགའ་ཧྲཱིཿལ་དམིགས་པ་རྩེ་གཅིག་བཟུང་། །གཞན་དུ་མི་འགྲོ་ཡུན་རིང་སེམས་གནས་ན། །
有時專一觀修於舍字，念不外馳心長時安住，

དམིགས་བཅས་ཞི་གནས་བསྐྱེད་རིམ་ཟུང་འཇུག་གོ། །དེ་ནས་དེ་ལྟར་སྒོམ་མཁན་སེམས་དེ་ལ། །
此乃止與生次雙運法。復次如是於禪者之心，

ཧྲིག་གེ་བལྟས་པས་བསྒོམས་ཚད་སྟོང་པར་ཡལ། །སེམས་ལ་གཟུགས་དང་ཁ་དོག་དངོས་པོ་མེད། །
直視所觀修者化為空。心者無相無色無實物，

ལུས་ཀྱི་ཕྱི་དང་ནང་དང་བར་ནའང་མེད། །ཕྱོགས་བཅུ་ཀུན་ཏུ་བཙལ་ཡང་དངོས་པོ་མེད། །
不在身外身內與中間，遍尋十方亦無有可得，

གང་ནས་སྐྱེས་དང་གར་གནས་གར་འགྲོ་མེད། །མེད་པའང་མ་ཡིན་རང་སེམས་གསལ་ཧྲིག་གེ །
此心無生無住亦無去，非是無有自心明且徹，

གཅིག་པུ་མ་ཡིན་སྣ་ཚོགས་ཅི་ཡང་འཆར། །ཐ་དད་མ་ཡིན་ཐམས་ཅད་ངོ་བོ་གཅིག །
非是單一種種皆從現，非是別異諸法一體性。

ཧོ་ཡི་ངོ་བོ་སུས་ཀྱང་བརྗོད་མེད་ཤེས། །དཔྱིགས་མཐུན་བརྗོད་ན་བརྗོད་རྒྱུ་ཟད་མཐའ་མེད།།
彼之體性任誰無法說，以譬喻說無有道盡時，

མིང་ནི་སེམས་ཉིད་བདག་དང་ཀུན་གཞི་སོགས། །ཐ་སྙད་རྣམ་གྲངས་མང་པོ་བཏགས་མོད་ཀྱང་།།
名有心性自性阿賴耶，雖然假立眾多名言相，

དོན་ལ་ད་ལྟའི་ཤེས་པ་འདི་ཀ་རང་། །འཁོར་འདས་ཀུན་གྱི་རྩ་བ་འདི་རང་ཡིན།།
實則即為當下之覺知。此為一切輪涅之根本，

སངས་རྒྱས་ཐོབ་དང་ངན་སོང་ལྟུང་བ་དང་། །བར་དོར་འཁྱམས་དང་སྐྱེ་བ་བཟང་ངན་དང་།།
證得菩提及墮三惡道，流轉中陰投生善惡趣，

ཞེ་སྡང་ཁོང་ཁྲོ་ཆགས་སེམས་ཞེན་ཆགས་དང་། །དད་པ་དག་སྣང་བྱམས་དང་སྙིང་རྗེ་དང་།།
貪欲瞋恚渴求與執著，虔信淨觀慈心與悲心，

ཉམས་རྟོགས་ཡོན་ཏན་ས་ལམ་ཐོབ་པ་སོགས། །ཐམས་ཅད་བྱེད་མཁན་སེམས་ཉིད་དེ་ག་རང་།།
覺受功德地道證悟等，此諸作者皆是此自心。

ཀུན་གྱི་འཆིང་རྩ་སྡུག་རྩ་འདི་ཡིན་པས། །སྲོག་རྩ་བཅད་ན་དབང་པོ་ཀུན་འགགས་ལྟར།།
一切繫縛災禍之根源，命脈斷絕諸根似停止，

འདི་དོན་རྟོགས་ཤིང་ཉམས་སུ་སུས་བླངས་པ། །ཆོས་རྣམས་ཐམས་ཅད་དེ་རུ་མ་འདུས་མེད།།
此義若知且加以修持，一切諸法無不攝於此。

འདི་ལ་སྒོམ་རྒྱུ་སྤྱ་ཙམ་མེད་པ་སྟེ། །མ་ཡེངས་ཁོ་རང་ངོ་བོ་བལྟས་པས་ཆོག །
此法無絲毫物需觀修，心勿散亂專注觀體性，

ལེགས་སུ་རེ་དང་ཉེས་ཀྱི་དོགས་པ་དང་། །ཡིན་ནམ་མིན་ནམ་གང་ཡང་མི་སེམས་པར། །
於善勿求於惡勿憂懼，是耶非耶任何勿思維，

གནས་སམ་འགྱུ་འམ་གསལ་ལམ་མི་གསལ་རུང་། །གང་ཤར་དེ་ཡི་ངོ་བོ་ཧྲིག་གེར་བལྟ། །
或靜或動或明或晦暗，任何顯現直觀其體性。

དངོས་གཞི་དེ་ལྟར་སྒོམ་པའི་དུས་དེ་རུ། །མི་འགྲོ་ཀྱི་ལེར་གནས་ན་གནས་པ་སྟེ། །
如是正行修持此法時，無有旁騖安住即名止，

མི་སྡོད་ཕྱོགས་བཅུར་རྒྱུག་པས་འགྱུ་བ་ཡིན། །གནས་འགྱུ་གང་ཤར་རིག་པས་རིག་པ་སྟེ། །
無有停留馳十方為動，止動任現即知是明覺。

སོ་སོར་འཆར་ཡང་ངོ་བོ་གཅིག་ཉིད་ཡིན། །གནས་པ་ཆོས་སྐུ་འགྱུ་བ་སྤྲུལ་པའི་སྐུ། །
顯現雖異體性實為一，止為法身動則是化身，

རིག་པ་ལོངས་སྐུ་དབྱེར་མེད་ངོ་བོ་ཉིད། །སྐུ་གསུམ་འགྲུབ་པའི་རྒྱུ་འམ་ས་བོན་ཡིན། །
覺為報身無別體性身，此乃成就三身之種因。

དེ་ལྟར་གནས་འགྱུ་གཉིས་ལ་བཟང་ངན་མེད། །དེ་ཕྱིར་གདམ་ཀ་མ་བྱེད་གང་ཤར་སྐྱོང་། །
如是止動二者無善惡，是故無須抉擇任現守，

དང་པོ་ཡུན་ཐུང་གྲངས་མང་ཡང་ཡང་བལྟ། །དེ་ན་རིམ་པར་ཡུན་ནི་ཇེ་རིང་བལྟ།།
初時宜短數數勤觀照，而後逐次延長作觀修。

ལས་དང་པོ་པས་བསྐྱེད་རྫོགས་ལ་བཙན་ཐབས་སུ་བསླབ་པའི་གླུ་སྟེ་ལྔ་པའོ།། །།
此是第五當下初修生圓歌

六

ཨེ་མ་ཧོ།
耶瑪霍！

དེང་སང་ཁྲིད་ཆུང་སྟོན་མཁན་མང་བའི་མཐུས། །ཕྱོགས་མགོ་དེ་ཙམ་ཤེས་པ་མང་ལགས་ཀྱང་།།
今時概略講授者眾故，僅能了知入門者增多，

ཚེ་འདིའི་སྣང་བ་བསླུ་མཁས་ཉམས་དགའ་ཞིང་། །མི་རྟག་འཆི་བ་སྙིང་ལ་མ་གཟེར་བས།།
現世誘惑外相引歡愉，無常死苦未能入深心，

ཤེས་ཙམ་དེ་ལ་ལུས་པ་ཤིན་ཏུ་མང་། །ཁྲིད་མང་ཞུས་ཀྱང་གོ་རྡེད་སྣར་ལ་འཁྲིབ།།
於彼停於知解者極多。雖多聞教油滑不為動，

སྡིག་ལ་མི་འཛེམ་སྤྱོད་པ་ཕལ་ལས་ལོག། །ཁྲིད་ཞུས་པ་ལ་གཞན་གྱིས་མཚང་འབྲུ་བྱེད།།
無畏罪業行比常人惡，常尋過錯於他聞教者。

ཞེན་ལོག་སྒོམ་གྱི་རྐང་པ་མེད་པས་ལེན། །ལམ་སྣེ་ཤེས་ཀྱང་འགྲོ་བར་མ་ནུས་ན།།
禪修之足厭離心乏少，猶如識途卻不起而行，

ཇོ་བོ་ལ་སོགས་མཇལ་ཐབས་མེད་དང་འདྲ། །དེ་ལ་དབང་པོ་རབ་འབྲིང་ཐ་མ་གསུམ། །
無法得謁覺沃佛等尊。於彼根器有三上中下，

རབ་ལ་འཇིག་རྟེན་བྱ་བ་སྤང་མི་དགོས། །འཇིག་རྟེན་བྱ་བ་ཉམས་ལེན་བསྲེ་ཞིང་བསྒོམ། །
上根無須捨棄世間行，修持融合世間之行止，

འདོད་ཡོན་མ་སྤངས་ལམ་དུ་ཁྱེར་བ་སྟེ། །རྒྱལ་པོ་ཨིནྡྲ་བོ་དྷི་ལྟ་བུ་ཡིན། །
不捨塵欲轉為道妙用，猶如君王因札菩提然。

འབྲིང་ལ་འཇིག་རྟེན་བྱ་བ་ཕལ་ཆེར་སྤངས། །རབ་བྱུང་དང་རྩལ་བཟུང་ལ་ཉམས་སུ་ལེན། །
中根須捨多數世俗行，修持當如出家僧眾然，

བཟའ་བཏུང་ཟས་གོས་འབྱོར་བར་བྱ་བ་སྟེ། །རྒྱ་བོད་པཎ་གྲུབ་བླ་མ་ཕལ་ཆེར་ཡིན། །
收受飲料食物及衣服，印藏班成上師屬此類。

ཐ་མས་བློ་རྩེ་གཉིས་ཀྱིས་དོན་མི་འགྲུབ། །ཆོས་དང་འཇིག་རྟེན་བྱ་བ་གཉིས་མི་ལྡོགས། །
下根器者分心義不成，無法兼顧法與世俗行，

ཚེ་འདི་བློས་བཏང་ལྟོ་གོས་རྒྱབ་བསྐྱུར་བསྒོམས། །མི་ལ་རྒོད་ཚང་ལ་སོགས་རྣམ་ཐར་ཡིན། །
修持拋棄衣食此世心，密勒噶倉等師傳記是。

དེ་གསུམ་གང་ལྟར་བྱེད་ཀྱང་གཙུག་བསྲིང་ནས། །མི་བསྐྱུར་ཉམས་སུ་བླང་བས་ཉམས་རྟོགས་འཆར། །
彼三任選修行須持續，莫棄修行覺證將現前。

དེ་ཡང་གང་ཟག་ཁམས་དང་དབང་པོ་ཡིས། །གཅིག་ལ་འཆར་བ་ཀུན་ལ་མི་འཆར་ཏེ། །
由於各自根器之差異，一人所生他人或不生，

ལ་ལ་དང་ནས་ཉམས་རྟོགས་མཐོན་པོ་འཆར། །ལ་ལ་རེས་འཆར་རེས་ནི་ཐབས་རྟུགས་འབྱུང་། །
或有初修即生大覺證，或有時生他時則力竭，

ལ་ལ་རིམ་པར་ཇེ་དྲག་ཇེ་དྲག་འཆར། །འོན་ཀྱང་ཤར་ལུགས་རིམ་གྱིས་བཤད་པར་བྱ། །
或有次第生起漸轉佳，然而漸生次第應宣說。

དང་པོ་སེམས་ནི་སྐད་ཅིག་སྡོད་མི་ཉན། །གར་ཡང་རྒྱུག་ཅིང་མི་དྲན་དགུ་ཡང་དྲན། །
初時心不調服無刻安，四處飛馳種種念頭生，

དེ་ཚེ་ལུས་གནད་བསྲང་ལ་ལྷོད་དེ་སྒོད། །གར་འགྲོ་བལྟས་ལ་རྒྱང་སོ་བཙུགས་པས་ནི། །
彼時挺直軀體鬆鬆坐，觀照念頭去處遠監視，

ཚུར་ལ་འཁོར་ནས་ཅུང་ཟད་གནས་པ་འོང་། །གནས་དང་འགྱུ་བ་གཉིས་ཀ་ཞི་གནས་སྟེ། །
心必轉回可稍微安住。動靜二者皆是止禪修，

ངོ་བོ་སྟོང་པར་རྟོགས་ན་ལྷག་མཐོང་ཡིན། །གནས་སམ་འགྱུ་འམ་སྟོང་པ་དེ་ཉིད་ནི། །
本質為空能悟是勝觀。或動或靜或是為空性，

དབྱེར་མེད་གཅིག་ཏུ་རྟོགས་ན་ཟུང་འཇུག་གོ །དེ་ལྟར་རྟོགས་ནས་ཉམས་སུ་ལེན་པའི་ཚེ། །
了悟是一無別即雙運。如是悟後而行修持時，

རེས་འགའ་མི་རེ་ཀྱི་ལེ་གནས་པའི་ཚེ། །འདི་ཉིད་རང་སེམས་རེད་སྙམ་དགའ་བ་སྐྱེ། །
有時安住輕安清明時，認此是我之心生喜樂。

རེས་འགའ་མི་གནས་རླུང་ལྟར་འཚུབས་ཤིང་རྒོད། །བལྟས་ཀྱང་བལྟ་རྒྱུ་མི་རྙེད་པན་བུན་འཚུབས། །
有時如風攪動念紛飛，迷惑掩蔽觀而無所觀，

མ་རེད་འདི་ཡིན་མེད་སྙམ་ཞེ་མི་དགའ། །དེ་དུས་རྣམ་རྟོག་གང་ཤར་གཅིག་ངོས་བཟུང་། །
念及此非是彼心不喜。彼時妄念任顯辨一念，

དེ་ཉིད་གང་ནས་བྱུང་དང་གར་འགྲོ་དང་། །གར་གནས་བལྟས་པས་མི་རྙེད་སྟོང་པ་ཉིད། །
是念從何而生與何往，何住觀不可得是空性。

དཔེར་ན་སྨྱུག་གཅིག་བཅད་ནས་བལྟས་པ་ན། །སྨྱུག་མ་ཐམས་ཅད་ནང་གི་སྟོང་པར་ཤེས། །
譬若剖一竹節而審視，了知一切竹節內皆空，

དེ་བཞིན་རྣམ་རྟོག་གཅིག་ནི་སྟོང་པར་རྟོགས། །རྣམ་རྟོག་ཐམས་ཅད་དེ་དང་འདྲ་བའི་ཕྱིར། །
如是了悟一念性空時，一切念頭與彼相同故，

གནས་ནས་དགའ་དང་འགྱུ་ན་མི་དགའ་མེད། །ཆུ་དང་ཆུ་རླབས་གཉིས་ལ་ཁྱད་མེད་ལྟར། །
不因靜喜亦不因動悲。猶如水與水波二無別，

གནས་འགྱུ་ཁྱད་མེད་གང་ཤར་ངོ་བོ་བལྟ། །དེ་ཡང་རྒོད་ཅིང་འཚུབ་ན་ལུས་སེམས་གློད། །
動靜無別任顯觀體性。復若掉舉身心應鬆放，

བྱིང་ཞིང་མི་གསལ་རྒྱུགས་ན་སྒྲིམ་ལ་བལྟ། །དེ་ནས་སྐབས་ཤིག་འགྱུ་བ་ཞུང་དུ་འགྲོ། །
若昏不明則須緊密觀。之後某時驚動心漸泯，

ཆེ་རེ་ཀྱི་ལེར་གནས་ཤིང་རེས་འགའ་འཕྲོ། །འཕྲོས་ཀྱང་མྱུར་དུ་གནས་པའི་སྟེང་དུ་སླེབ། །
安住樂明心念時或起，念雖現起迅歸於寂止，

དེ་ལ་གནས་པ་ཆགས་ཞེས་མིང་དུ་བཏགས། །དེ་ནས་ཉམས་ལེན་དེ་ཉིད་སྐྱོང་བའི་ཚེ། །
彼名稱為欲住於寂止。爾後若能持續此修持，

སལ་ལེ་སིང་ངེ་ཧྲིག་གེ་ཡེ་རེ་བ། །དཔེར་ན་མཚོ་ལ་རླབས་ཀྱིས་མི་གནོད་ལྟར། །
清澈潔淨鮮明與開闊，譬若湖水不為波浪損，

འགྱུ་བ་ཙུང་ཟད་ཤར་ཡང་མི་གནོད་པ། །དེ་འདྲ་རེས་འབྱུང་རེས་ནི་མི་འབྱུང་ལ། །
短暫驚動雖起而無害。有時似彼有時則不似，

རེས་འགའ་སྒོམ་བསམ་ལུས་གནད་བཅས་ཀྱང་དཀའ། །རེས་འགའ་མ་བསྒོམ་ན་ཡང་དེ་ལྟར་འཆར། །
有時身要雖具禪修難，有時雖未禪修而彼生。

དེ་ནས་ལུས་བདེ་སེམས་བདེ་ཀྱི་ལེར་གནས། །འགྲོ་འདུག་སྤྱོད་ལམ་ཕལ་གྱིས་དེ་མི་གནོད། །
爾後安住身心樂明中，日常行止威儀不能損，

སྒོམ་པར་འདོད་པའི་སྤྲོད་པ་དེ་ནས་སྐྱེད། །རེས་འགའ་རྨི་ལམ་དུ་ཡང་ཟིན་པར་འབྱུང་། །
愛樂禪修興趣由此得，有時雖於夢境亦能持。

根本頌

ང་ཡི་ཉམས་རྟོགས་བཟང་པོ་ཡིན་སྙམ་ནས། །དེ་ལ་ཆགས་ཞེན་འཛིན་པ་དམ་པོར་སྐྱེ། །
心思自之覺證極美好，堅固貪戀執著由彼生，

དེ་ལ་ཆགས་ཞེན་མི་བྱ་ངོ་བོར་བལྟ། །སྣང་བ་བདེ་དང་ངོ་བོ་སྟོང་པ་གཉིས། །
慎勿於彼貪執觀體性，顯相樂與體性空二者，

དབྱེར་མེད་བདེ་སྟོང་ཕྱག་རྒྱ་ཆེན་པོ་འཆར། །ཆགས་ཤིང་ཞེན་ན་འདོད་ལྷར་སྐྱེ་བའི་རྒྱུ། །
無別即生樂空大手印，若貪且執欲界天之因。

ལ་ལ་རྣམ་རྟོག་དགྲ་རུ་བལྟས་ནས་ནི། །ཅི་ཡང་མི་དྲན་པ་དེ་སྒོམ་ཡིན་སྙམ། །
或有視諸念頭若怨敵，毫無所思方認是禪修，

དེ་ནི་རྒྱ་ནག་ཧྭ་ཤང་ལྟ་བ་ཟེར། །ཅི་ཡང་མི་དྲན་ཐོམ་མེ་ལུས་པ་ནི། །
此稱漢地和尚之見地，毫無所思而缺少正念，

འགོག་པ་ཆ་མཐུན་དུད་འགྲོར་སྐྱེ་བའི་རྒྱུ། །དྲན་རྒྱུ་ཡོད་ཀྱང་དྲན་ནི་མི་བཙུག་པར། །
似是寂滅然是旁生因。雖有意識但卻乏正念，

རྣམ་ཤེས་སྙིང་ཁར་བསྡུས་ནས་གནས་པ་ནི། །འགོག་པ་ཞེས་བྱ་ཉན་ཐོས་ལམ་ཡིན་ནོ། །
意識收攝於心而住留，此謂寂滅是為聲聞道。

དེ་ཕྱིར་འགྱུ་བ་ཆེད་དུ་མི་དགག་ཅིང་། །ཆེད་དུ་མི་སྤྲོ་གང་ཤར་ངོ་བོ་བལྟ། །
是故念動莫特意遮遣，勿特起妄任顯觀體性，

བལྟས་པས་དངོས་པོ་ཅི་ཡང་མི་མཐོང་བ། །དེ་ཚེ་སྟོང་ཉིད་དོན་དམ་མཐོང་བ་ཡིན། །
觀時任何實事不可見，彼時即見勝義之空性，

མ་མཐོང་ངང་ལ་མཐོང་རྒྱུ་མེད་པར་ལྟར། །རེས་འགའ་བལྟས་ཀྱང་མི་གསལ་བུན་ནེ་བ། །
猶如無見性中無所見。有時雖觀模糊不明顯，

འགྱུ་བ་བན་བུན་འཚུབ་ཅིང་སྙིང་མི་འགའ། །སྒོམ་ལུགས་འདི་ལ་རྐྱུང་འདེད་མོས་པར་འདྲ། །
馳動迷離內心不喜樂，於此禪修猶行無定向，

བསམ་པའི་ཐེ་ཚོམ་རྟོག་པ་འགའ་རེ་ཡོང་། །དེ་ཉིད་རྩུབ་ཉམས་ཡིན་པས་ངན་རྒྱུ་མེད། །
猶豫念頭思想間或起，此是粗重覺受非為惡，

ལུས་སེམས་གློད་ལ་ལྟ་སྟངས་ནམ་མཁར་གཏད། །ནམ་མཁའ་སྔོ་སང་རང་སེམས་བསྲེས་ལ་བལྟ། །
身心鬆坦凝視注虛空，觀看藍空與己心融一，

སེམས་ཀྱི་དྭངས་སྙིགས་ཕྱེད་དེ་གསལ་སྟོང་འཆར། །རེས་འགའ་གསལ་རིག་སྟོང་གསུམ་རྗེན་ལྷང་ངེ། །
心之濁垢澄清空明現。有時明空覺三朗朗然，

རྟོགས་པ་མཐོན་པོ་ཡིན་སྙམ་ང་རྒྱལ་སྐྱེ། །སུས་ཀྱང་བློ་མི་འགྱུར་བའི་ངེས་ཤེས་སྐྱེ། །
自覺證悟高超我慢生，乃至誰亦難撼定見生，

དེ་དུས་ངེས་ཤེས་ང་རྒྱལ་དབང་སོང་ན། །གཟུགས་ཁམས་ལྷ་ཡི་གནས་སུ་སྐྱེ་བའི་རྒྱུ། །
彼時定見若為我慢伏，彼即出生色界天之因，

གསལ་བའི་ངོ་བོར་བལྟས་པས་སྟོང་པ་ཉིད། །གསལ་སྟོང་ཟུང་འཇུག་ཕྱག་རྒྱ་ཆེན་པོ་འཆར། །
直觀明覺體性即空性，明空雙運生為大手印。

རེས་འགའ་ལུས་སེམས་ཐམས་ཅད་སྟོང་པ་ཉིད། །ཐམས་ཅད་སྟོང་པར་མཐོང་ནས་ཆོས་གཏམ་མཐོ། །
有時身心萬物皆空性，觀見一切皆空高談法，

ནམ་མཁའ་སྟོང་པས་ཅིས་ཀྱང་མི་གོས་ལྟར། །དགེ་སྡིག་ཕན་གནོད་ཡོད་དོན་མི་འདུག་སྙམ། །
猶如虛空不為他所染，善惡利害皆作無義想，

སྤྱོད་པ་རྩིང་ཞིང་དགེ་བ་མི་སྒྲུབ་ན། །སྟོང་ལྟ་དད་པོ་ངན་སོང་འགྲོ་བའི་རྒྱུ། །
行為粗魯善行不成辦，昏沉空見趣生惡道因，

སྟོང་པ་ཉིད་ལ་ལྟ་ཉེས་དེ་ལ་ཟེར། །དེ་ལྟར་ཐམས་ཅད་སྟོང་པར་མཐོང་ན་ཡང་། །
此即所謂空性之謬見，如是若見一切法皆空，

ངོ་བོ་སྐྱོང་ཞིང་རྒྱུ་འབྲས་བླང་དོར་འབད། །དེ་ལྟར་ཉམས་ཀྱི་རིམ་པ་དེ་དག་ཀྱང་། །
守護本覺勤因果取捨。如是各種次第之覺受，

ཡུན་རིང་གནས་དང་ཐུང་ངུར་ཡལ་བ་སོགས། །གཅིག་ཏུ་མི་སྡོད་ནམ་མཁའ་འགྱུར་ལྡོག་འདྲ། །
長時停留或迅速消逝，不住一體如虛空變化，

དེ་ནས་རྣམ་རྟོག་ཙུང་ངུ་མ་སོང་ཡང་། །རྣམ་རྟོག་མང་ཡང་སྒོམ་ལ་མི་གནོད་པ། །
如是即或妄念未曾滅，妄念雖多無礙於禪修，

མཚོ་ལ་ཆར་པ་བབས་བཞིན་སྒོམ་དུ་འཆར། །དེ་ནས་བསྐྱེད་རྫོགས་རེས་འཛོག་མི་དགོས་ཏེ། །
似雨降湖生起為禪修。復次生圓無須交替修，

ཉམས་ལེན་སྟོང་པའི་རྩེ་དང་མ་བྲལ་བར། །རང་ལུས་ཡི་དམ་ཐུགས་རྗེ་ཆེན་པོའི་སྐུ། །
修持不離空性之精要，自身觀為本尊大悲身，

ནམ་མཁའ་ལ་ནི་འཇའ་ཚོན་ཤར་ལྟར་བསྒོམ། །ཡི་གེ་དྲུག་པ་གོང་བས་ཐོས་ཙམ་བཟླ། །
猶如彩虹出現於虛空，六字明咒輕誦僅可聞，

གསུམ་ཀ་མི་བཤོལ་ཉམས་ལེན་བདེ་བ་ཡིན། །སྒོམ་པའི་དུས་ཀྱང་དཀའ་ཚེགས་མེད་པ་ཏུ། །
不捨三要修持為平易。禪修之時無有諸困難，

དྲན་པ་ཙམ་ནས་ཉམས་ལེན་སྟེང་དུ་སླེབས། །དེ་ལ་ཉམས་ལེན་སྐྱོང་བདེ་ཞེས་བྱ་འོ། །
僅生憶念禪修即成辦，彼即所謂修持平易行。

དེ་ནས་ས་རྫོ་རི་བྲག་ལ་སོགས་པ། །བལྟས་པས་ཐམས་ཅད་ན་བུན་ཇི་བཞིན་དུ། །
復次當觀地石山岩等，一切猶如輕煙與薄霧，

སོ་སོར་གསལ་ཡང་ངོ་བོ་སྟོང་པ་མཐོང་། །སེམས་དང་ནམ་མཁའ་དབྱེར་མེད་གཅིག་འདྲེས་ནས། །
各自明朗而見自性空。心與虛空融合無別時，

ནམ་མཁས་གར་ཁྱབ་སེམས་ཀྱིས་ཁྱབ་སྙམ་བྱེད། །ཐམས་ཅད་སེམས་ཡིན་སེམས་ལ་ངོ་བོ་མེད། །
思維虛空遍處心即遍，思維一切皆心心無實，

ཅི་ཡང་མེད་པའི་སྟོང་ཉིད་ཡིན་སྙམ་བྱེད། །ཡོད་པ་མ་ཡིན་དངོས་པོ་རྡུལ་ཙམ་མེད།།
思維一無所有之空義。存有非是實法無一塵，

མེད་པ་མ་ཡིན་སྣ་ཚོགས་ཅིར་ཡང་འཆར། །ཡོད་མིན་མེད་མིན་གཅིག་ནི་ཡིན་སྙམ་བྱེད།།
無有非是萬法紛然現，非有非無思維二為一，

དེ་དག་འཛིན་པ་དམ་པོས་བཅིངས་ན་ནི། །གཟུགས་མེད་སྐྱེ་མཆེད་མུ་བཞིར་གོལ་བ་སྟེ།།
若為此等堅實執著縛，誤入無色界四天歧途。

གང་ལའང་འཛིན་པའི་ངེས་ཤེས་མི་བྱ་བར། །འཛིན་མེད་གང་ཤར་ངོ་བོར་ལྷུག་གེར་བལྟ།།
若無執著諸法之定見，無執任顯直觀其體性，

དེ་ནས་བལྟ་རྒྱུ་བལྟ་མཁན་གཅིག་ཏུ་འདྲེས། །འདི་བལྟ་དེ་ལྟ་འདི་སྒོམ་དེ་སྒོམ་མེད།།
由是觀者所觀二無別，所觀能觀所修能修泯，

འདི་ཡིན་དེ་ཡིན་མེད་པའི་ཐ་མལ་འདྲ། །རེས་འགའ་ཐ་མལ་ཉིད་དུ་བཞག་པ་ལས།།
如平常中此是彼是無。時或安住平常心之中，

གང་ཡང་བྱ་རྒྱུ་ཟད་པའི་དུས་ཞིག་འབྱུང་། །སྔར་གྱིས་བདེ་གསལ་མི་རྟོག་དེ་ཡང་མེད།།
再無任何可作之時現，往昔樂明無念亦不再，

ཐོས་པ་ཆུང་བས་ང་ཡི་སྒོམ་པོར་སྙམ། །སྔར་ལྟར་ཨེ་འོང་ཚད་ཀྱང་མི་འབྱུང་སྡུག།
少聽聞者錯認失禪修，憂慮似昔來否或不生，

ཧམ་པ་ཆེ་ན་སྒོམ་མེད་ཡིན་ནམ་སྙམ། །དེ་དག་ངོ་བོ་མཐོང་བ་ཞེས་བྱ་སྟེ། །
慢心大者思此為無修，彼即所謂正見真如性，

ཐ་མལ་ཤེས་པ་རྗེན་པར་རྟོགས་པ་ཡིན། །ཆོས་ཀུན་རང་གི་སེམས་སུ་ཐག་ཆོད་ཅིང་། །
亦即赤裸證悟平常心，諸法即心於此生定解，

སེམས་ནི་སྟོང་ཉིད་སྨྲ་བསམ་བརྗོད་དང་བྲལ། །མ་བཅོས་རང་གར་བཞག་པ་མ་གཏོགས་པ། །
心為空性離言說思議。僅只無作自然而安住，

བྱ་རྒྱུ་མེད་ཀྱང་སྐབས་སུ་ཡེངས་པའི་དུས། །རང་ངོ་མི་མཐོང་ཐ་མལ་འཁྲུལ་པར་འཚོར། །
無一應作然當散亂時，不見本性失落凡惑中，

ཡེངས་འདུག་སྙམ་དུ་འགྱོད་སེམས་དྲན་པས་ཟིན། །དྲན་པས་མ་ཟིན་བར་དུ་ཐ་མལ་པ། །
思維失念心悔憶正念。忘失正念彼即為凡夫，

དྲན་པས་ཟིན་ཙམ་ཉམས་ལེན་ཉིད་དུ་འཆར། །འདི་དུས་དྲན་པས་ཡང་ཡང་གསལ་འདེབས་བྱ། །
僅憶正念即是起修行，此時正念應反復提起，

ལྷ་སྣང་ཡང་ཡང་བྱས་པས་གསལ་ཆ་ཆེ། །རེས་འགའ་རྩེ་གཅིག་དབེན་སར་སྒོམ་པ་དང་། །
如是一再觀察明分大。時而專一寂靜處禪修，

རེས་འགའ་སྤྱོད་ལམ་ཀུན་ཏུ་བསྲེ་ཞིང་བསྒོམ། །འདི་ནས་མདོ་རྒྱུད་གྲུབ་ཐོབ་གསུང་རྣམས་ཀུན། །
時而禪修行止互融合，此後經續成就者之語，

དཔེ་ཆ་བལྟས་པས་སེམས་དང་འཕྲོད་པ་འོང་། །བརྩོན་འགྲུས་ཆེ་ན་རྨི་ལམ་ཡང་ཡང་ཟིན།།
經典一閱心中即了然，若大精進夢境數數覺，

བརྩོན་འགྲུས་ཆུང་ན་ཟིན་གྲངས་ཉུང་དུ་འགྲོ། །ཕྱིས་ནས་ཕྱི་རོལ་སྣོད་བཅུད་ཐམས་ཅད་ཀུན།།
若少精進夢境覺數少。爾後外在一切情器界，

རྣམ་པ་སོ་སོར་མ་འདྲེས་གསལ་ན་ཡང་། །ངོ་བོ་ཆབ་རོམ་ཆུ་རུ་ཞུ་བ་ལྟར།།
所顯諸相無雜而明晰，本性如冰消融入於水，

ཐམས་ཅད་སྟོང་ཉིད་སེམས་དང་དབྱེར་མེད་འདྲེས། །སྒོམ་པའང་སེམས་ཡིན་མ་བསྒོམས་པ་ཡང་སེམས།།
一切性空與心皆無別。禪修是心不修亦是心，

སེམས་ནི་ཡེ་ནས་མ་གྲུབ་སྟོང་པ་ཉིད། །བསྒོམ་དང་མ་བསྒོམ་ཡེངས་དང་མ་ཡེངས་སོགས།།
心者自始無實為空性，修與不修散不散無別，

ཁྱད་མེད་ཡེ་ནས་སྟོང་ཉིད་གནས་གཤིས་རྟོགས། །སངས་རྒྱས་ཀུན་གྱི་ཐུགས་དང་འགྲོ་དྲུག་སེམས།།
證悟本初空性自然義。諸佛心與六道有情心，

ཡེ་ནས་ངོ་བོ་དབྱེར་མེད་སྟོང་པ་ཉིད། །ལྟ་བ་འཁོར་འདས་དབྱེར་མེད་དོན་དེ་ནི།།
自始本質無別即空性，輪涅無別見地之義理，

དཔེ་རྒྱུད་བལྟས་དང་བླ་མས་གསུངས་པ་ཡི། །གོ་བ་སྐམ་པོ་མིན་པར་རང་རྒྱུད་ལ།།
譬若閱續及上師教示，非僅是為乾枯之理解，

ནང་ནས་ཚུར་ལ་འཆར་བར་འགྱུར་བ་ཡིན། །དེ་ཙམ་བྱུང་ན་རྟོགས་ལྡན་མིང་ཐོགས་ཙམ། །
自續應由內部生變易，若達此境僅獲證悟名，

དེ་ཙམ་མཐོན་པོ་ཡིན་པར་མི་སེམས་ཏེ། །རང་ཉམས་ཤར་ཚོད་ཕན་པའི་སེམས་ཀྱིས་བཤད། །
獨此境界勿思為高妙。以利他心講說覺受量，

གསང་སྒྲོགས་གྱུར་ན་ལྷ་དང་བླ་མར་བཤགས། །དེ་ཡན་ཕྱིན་མ་མྱོང་བའི་ཧ་ཐོས་ཀྱིས། །
若洩密意懺悔尊師前，此後無有覺受惟聽聞，

ས་རྒྱུས་འདོད་ན་དཔེ་རྒྱུད་རྣམས་ལ་ལྟོས། །དེ་ལྟར་ཟག་བཅས་ཟག་མེད་དགེ་བ་རྣམས། །
欲明地道應讀諸續教。如是有漏無漏諸善業，

དཔེར་ན་རྟ་ཁ་སྲབ་ཀྱིས་བསྒྱུར་བ་ལྟར། །འཁོར་གསུམ་ཡང་དག་བསྔོ་བས་བསྔོ་བར་གཅེས། །
譬若駕馭馬以韁轡般，三輪清淨迴向勝迴向，

འཁོར་གསུམ་ཡོངས་དག་བཤད་ལུགས་མང་ན་ཡང་། །ཉམས་ལེན་དེ་ཡི་ངང་ནས་བསྔོ་བས་འཐུས། །
三輪清淨義理解釋多，可於修持心性中迴向。

སྐྱེ་བ་སླ་ཞིང་ཕན་ཡོན་རྒྱ་ཆེ་བས། །བདེ་བ་ཅན་དུ་སྐྱེ་བའི་བསྔོ་སྨོན་མཛོད། །
易於往生功德極廣大，持誦往生極樂發願文，

སྐྱེ་འམ་མི་སྐྱེ་སྙམ་པའི་ཐེ་ཚོམ་སྤངས། །སྐྱེ་བར་ངེས་པ་སངས་རྒྱས་སྨོན་ལམ་ཡིན། །
能生與否疑思應斷除，決定得生乃佛陀大願。

ནམ་ཞིག་བར་དོར་ཁྱམས་པར་ངོ་ཤེས་ཚེ། །ཞིང་ཁམས་དེ་རུ་འགྲོ་བར་ཐག་ཆོད་པ།།
一旦知曉遊蕩於中陰，決定往生於彼淨土中，

ད་ལྟའི་དུས་ནས་ཡིད་ལ་དུང་དེ་མཛོད། །བར་དོར་དྲན་མ་ཐག་ནས་སླེབ་པ་ཡིན།།
從此刻起心中應殷切，中陰之時憶起無間至。

ཉམས་འཆར་ལུགས་གེགས་སེལ་གྱི་གླུ་སྟེ་དྲུག་པའོ།། །།
第六首歌即覺受生起與淨除障礙之歌。

七

བླ་མ་རང་སེམས་ངོ་བོ་དབྱེར་མེད་ཅིང་། །སྟོང་ཉིད་ཆོས་ཀྱི་དབྱིངས་སུ་རོ་གཅིག་ཀྱང་།།
上師己心體性雖無別，空性法界境中為一味，

རིག་རྩལ་མ་འགགས་བླ་མ་འོད་དཔག་མེད། །སྤྱི་བོར་བསྒོམས་ལ་གསོལ་བ་བཏབ་པས་ན།།
智慧無礙上師無量光，若觀於頂懇切而祈請，

བྱིན་རླབས་ཤུགས་ཀྱིས་རྟོགས་པར་བོགས་སྐྱེད་འོང་། །དེ་ཕྱིར་བླ་མའི་རྣལ་འབྱོར་རྒྱུན་དུ་བསྒོམ།།
加持力故證悟倍增長，是故勤修上師相應法。

ཡི་དམ་རང་སེམས་སྣང་ཆ་ཡིན་རྟོགས་ཀྱང་། །རང་ལུས་ཡི་དམ་ཐུགས་རྗེ་ཆེན་པོའི་སྐུ།།
本尊自心顯現雖了悟，自身本尊大悲觀音身，

སྣང་སྟོང་དབྱེར་མེད་བསྒོམས་ལ་ཡིག་དྲུག་བཟླ། །གཟུགས་སྐུའི་ས་བོན་ཐེབ་པའི་རྟེན་འབྲེལ་དང་། །
顯空無別觀修持六字，播下色身種子之因緣，

བསྐྱེད་རྫོགས་ཟུང་འཇུག་གསང་སྔགས་བསྟན་པ་ཡིན། །འགྲོ་དྲུག་སེམས་ཅན་རང་བཞིན་མ་གྲུབ་ཀྱང་། །
亦是生圓雙運密咒教。六道眾生雖無有自性，

མ་རྟོགས་འཁོར་བར་འཁྱམས་པའི་སེམས་ཅན་ལ། །ཤུགས་འབྱུང་བྱམས་དང་སྙིང་རྗེ་ཆེན་པོ་ཡིས། །
不悟流轉輪迴有情眾，推論所生慈心與大悲，

འགྲོ་དྲུག་སེམས་ཅན་སྡིག་དང་སྡུག་བསྔལ་ཀུན། །རླུང་གིས་རྔུབས་ལ་ཐམས་ཅད་རང་ལ་བསྟིམ། །
六道眾生所有罪與苦，隨息吸入盡溶於己身，

སེམས་ཅན་ཐམས་ཅད་སྡུག་བསྔལ་དང་བྲལ་བསྒོམ། །རང་གི་བསོད་ནམས་དགེ་རྩ་ཅི་ཡོད་པ། །
觀想一切有情咸離苦，自身所具福德與善根，

དབུགས་ཕྱིར་བཏང་དང་མཉམ་དུ་འགྲོ་ལ་བསྟིམ། །འགྲོ་ཀུན་བདེ་སྐྱིད་ཚད་མེད་ཐོབ་པར་བསྒོམ། །
隨息呼出融入有情眾，觀諸眾生獲得無量樂。

སངས་རྒྱས་ཐོབ་པའི་ཐབས་ལ་མེད་དཀའ་མེད། །གཏོང་ལེན་དམིགས་པ་ཟབ་ཆོས་སྙིང་པོ་ཡིན། །
成佛法中無此不可得，自他交換觀修深法要，

སྔ་དྲོ་དགོང་མོ་སྣུཆྪའི་འོད་ཟེར་ལ། །ཟིམ་བུར་ཙཀླུས་བལྟས་པས་འཇའ་འོད་ཟེར། །
早晨黃昏太陽光線下，雙眼半瞇所見之虹光，

根本頌

ཐིག་ལེ་ཐིག་ཕྲན་ཡིག་འབྲུ་ལྷ་སྐུ་འཆར། །དེ་དང་ཉམས་ལེན་སེམས་ངོ་བསྲེས་ལ་བལྟ།།

顯現圓圈點字母本尊，彼與所修心性融合觀，

གསལ་སྟོང་ཟུང་འཇུག་ལོངས་སྐུའི་ཞིང་ཁམས་མཐོང་། །ལྟ་བ་ཡིད་དཔྱོད་ཙམ་དུ་མ་ལུས་པའི།།

能見明空雙運報身土。見地勿流於意識伺察，

མངོན་སུམ་བལྟ་ཚོག་རྫོགས་ཆེན་ཟབ་གནད་ཡིན། །སོགས་འདོན་གྱི་གླུ་སྟེ་བདུན་པའོ།། ༎

直接體驗大圓滿深要。增上之歌是為第七首。

༼འདི་ཉམས་ལེན་བྱེད་སྐབས་མཚན་ཉིད་ལྡན་པ་ལས་དབང་ལུང་ཁྲིད་གསུམ་ཞུས་ནས་གསང་ཞིང་ཉམས་སུ་ལེན་དགོས།དད་མེད་ལོག་ལྟ་ཅན་ལ་བཤད་ན་སྲུང་མས་བཀའ་ཆད་འབེབས་པར་གསུང་བས་གསང་དགོས།མཆན།༽

有云：在此修持時，為具備資格，需求受灌頂、口傳、教授，且守密修持，若對無信心以及邪見之人說此法，將受護法之懲罰。故需保密。

八

ཨེ་མ་ཧོ།
耶瑪霍！

བླ་མ་བསྟེན་ཅིང་དམ་ཆོས་བྱས་པའི་དོན། །འཆི་དུས་འདི་བྱེད་ཁྲིག་གེ་ཡོད་པ་དགོས། །
依止上師修正法宗旨，為欲此世亡時有所作，

དེ་མིན་དགྲ་བྱུང་བློ་སྟོར་ཅི་ཆ་ཡོད། །ནམ་འཆི་ཆ་མེད་རྒྱུན་དུ་ཡིད་ལ་བཞག །
否則敵至驚恐必定生，死期不定恆常存心中，

ཆགས་པ་ཆེ་ཆུང་མེད་པར་ཆགས་ན་འཆིང་། །ལྷན་ཅིག་སྐྱེས་པའི་ཤ་རུས་བསྐྱུར་དགོས་ན། །
大小貪著若執則纏縛，俱生之骨與肉須捨棄，

གཉེན་དང་ནོར་ལ་ཆགས་པ་བསམ་མེད་རང་། །གཉེན་དང་ཉེ་དུ་ནོར་རྫས་རང་ལུས་བཅས། །
勿起貪戀親友財富心，親朋好友財富及自身，

བླ་མ་དཀོན་མཆོག་གསུམ་ལ་ཡིད་ཀྱིས་ཕུལ། །འབུལ་བ་ཚར་ནས་བདག་པོ་མེད་པ་ལྟར། །
至心供養上師與三寶，既獻供已觀其似無主，

སུས་ཁྱེར་སུས་བདག་ཡིད་ལ་འཁྲིང་དོག་མེད། །རང་ལུས་ཡི་དམ་ཐུགས་རྗེ་ཆེན་པོར་བསྒོམ། །
誰取誰有心中無須念，自身觀為本尊大悲身，

སྤྱི་བོར་བླ་མ་དཀོན་མཆོག་ཀུན་འདུས་པ། །འོད་དཔག་མེད་མགོན་བསྒོམས་ལ་གསོལ་བ་བཏབ། །
頂嚴上師三寶之總集，觀想無量光怙並祈請。

བུ་ག་བརྒྱད་པོ་ཧྲཱིཿཡིག་རེ་རེས་བཀག །ལུས་དབུས་དབུ་མ་མདའ་སྨྱུག་འབྲིང་པོ་ཙམ། །
八處竅孔舍字一一封，身內中脈如中等箭竹，

སྙིང་དབུས་རང་སེམས་ཧྲཱིཿཡིག་དཀར་པོ་གཅིག །ཡར་སྤར་འོད་དཔག་མེད་པའི་ཐུགས་ཀར་བསྟིམ། །
心間自心現為白舍字，上升融入無量光心中，

དེ་འདྲའི་དམིགས་པ་བརྒྱ་འམ་ཉེར་གཅིག་ཙམ། །དེ་ནས་ཡིད་ལ་ཅི་ཡང་མི་བསམ་པར། །
如是觀修百次或廿一，此後心中任何皆不思，

ཉམས་ལེན་སེམས་ངོའི་སྟེང་དུ་ས་ལེར་བཞག །སྣང་མཆེད་ཐོབ་གསུམ་ཐིམ་རིམ་ཅི་ཤར་ཡང་། །
修行明白安住知心體，顯增得三次第消融現，

སོ་སོར་འདི་ཡིན་ངོས་བཟུང་བྱ་མི་དགོས། །རང་སེམས་མིན་པར་ཅི་ཡང་འཆར་རྒྱུ་མེད། །
各自是此無須加辨別，任有所現無一非是心，

གང་ཤར་དེ་ཡི་ངོ་བོ་ཉིད་ལ་བལྟ། །ཕྱི་དབུགས་ཆད་ནས་ནང་དབུགས་མ་ཆད་ཙམ། །
任何顯現直觀彼體性。外息已斷內息尚未斷，

གཞི་ཡི་འོད་གསལ་སྤྲིན་མེད་ནམ་མཁའ་ལྟར། །ཚུར་ལ་འཆར་དུས་དེ་ཡི་ངང་ལ་བཞག །
基之明光如無雲虛空，彼顯現時應安住彼境，

ཡུན་རིང་གནས་ན་ཐུགས་དམ་ཟིན་པ་ཡིན། །རྟགས་ནི་མདོག་ལེགས་མིག་ནི་ཟིམ་བུར་ལྟ། །
若長時住即執受圖當。相為色美眼則微瞇視，

ཁ་ཡང་འཛུམ་པ་འདྲ་ན་ཟེན་པར་བཤད། །ཙོག་པུ་སྐྱིལ་ཀྲུང་སེང་གེའི་ཉལ་སྟབས་སོགས། །
口亦似含微笑釋中說。隨侍之人可調亡者身，

གདུང་གཡོག་པ་ལ་གང་བྱུང་མ་གཏོགས་པ། །དོན་ལ་ཉལ་དང་ལངས་ལ་ཁྱད་པར་མེད། །
跏趺坐或獅子睡臥等，臥姿坐姿於義無差別，

གལ་ཏེ་མ་ཟིན་པ་འམ་འཛོག་ན་ཡང་། །འཆི་ཁར་འཕོ་བའི་དམིགས་པ་བྱས་པ་དེས། །
乃至未得或者受驚擾，能於臨終觀修頗瓦法，

རྣམ་ཤེས་ཚངས་བུག་ཐོན་པས་ཕན་ཡོན་ཆེ། །ཆོས་སྐུའི་འཕོ་བ་ཐུགས་དམ་དོན་གཅིག་པས། །
神識由梵穴出具大利，法身遷識等同於圖當，

གཉིས་མི་འགལ་འདི་གནད་ཆེ་བསྙིང་བ་ཡིན། །དེ་ནས་བར་དོར་འཁྱམས་པར་གྱུར་ན་ཡང་། །
二者無別此為深定義。爾後若仍流轉於中陰，

གང་ཤར་དེ་ཡི་ངོ་བོར་བལྟས་པ་ཡིས། །རང་སེམས་འཁྲུལ་པའི་སྟོང་གཟུགས་ཉིད་ལས་གཞན། །
任顯直觀彼之本體性，自心迷惑空性色身外，

ཞི་བ་ཁྲོ་བོ་གཤིན་རྗེ་གཅིག་ཀྱང་མེད། །དེ་ནས་སྐྱེ་བ་ལེན་པའི་གྲབ་བྱུང་ན། །
更無寂忿諸尊與死主。其後若臨投生之時至，

འཁོར་བ་ཐོག་མ་མེད་ནས་ད་ལྟའི་བར། །རིགས་དྲུག་སྐྱེ་བ་རྫི་བོའི་རེས་ལྟར་འཁོར། །
輪迴無始時來直至今，投生六道似牧人輪替，

སྐྱེ་ཀ་ན་འཆི་འཕྲེང་རྡོག་བཞིན་དུ་བསྒྲངས། །དེས་ན་འཁོར་བར་སྐྱུན་དྲག་ཞེ་བཅད་དྲག །
生老病死如念珠計數。是故決心猛烈棄輪迴，

ངན་སོང་སྡུག་བསྔལ་དེ་ནི་བསམ་མི་ཁྱབ། །ལྷ་དང་མི་ཡང་སྐྱེ་འཆིའི་འཁོར་ལོར་འཁོར། །
彼等惡趣痛苦難思量，天與人亦生死似轉輪，

དེ་ནི་སྡུག་བསྔལ་ཀུན་བྲལ་བདེ་བའི་གནས། །ནུབ་ཕྱོགས་བདེ་བ་ཅན་གྱི་ཞིང་ཁམས་སུ། །
是故應往離苦安樂處，西方極樂世界之淨土，

འོད་དཔག་མེད་ལ་དམ་ཆོས་ཉན་དུ་འགྲོ། །བསམ་པར་བྱས་ཏེ་ཆགས་ཞེན་སྤངས་ལ་འགྲོ། །
聽聞正法無量光佛處。心作想已捨貪著而往，

ད་ལྟ་བཞིན་དུ་གོམ་པས་འགྲོ་མི་དགོས། །བྱ་བཞིན་གཤོག་པས་འཕུར་ཡང་མི་དགོས་ཏེ། །
無須似今舉步而行走，亦無須如禽鳥展翅飛，

ཡིད་ཀྱི་ལུས་དེས་དྲན་མ་ཐག་ནས་སླེབ། །དེར་སྐྱེས་གཏན་དུ་བདེ་ཞིང་སྡུག་བསྔལ་མེད། །
念起無間意生身即至，生彼恆常安樂無苦惱，

འགྲོ་བ་སེམས་ཅན་དོན་ཡང་འབྱུང་བ་སྟེ། །ས་ཐོབ་ནས་ནི་སྤྲུལ་པས་གཞན་དོན་བྱེད། །
亦能利樂六道有情眾，登地之後化身行利他。

འཆི་ཚེ་འོད་དཔག་མེད་པའི་ཐུགས་ཀར་བསྟིམ། །འཆི་བ་ལམ་ཁྱེར་གྱི་གླུ་སྟེ་བརྒྱད་པའོ། ། །།
死時融入阿彌陀心間，死亡入道之歌第八首

དེ་ལྟར་ཉམས་ལེན་གླུ་ཆུང་ལེ་ཚན་བརྒྱད། །དད་ལྡན་ཚོང་དཔོན་བུ་ལུ་ཞེས་བྱ་བས། །
如是八首簡短修行歌，虔信商人补魯請而寫，

ཤོག་གུ་ཕུལ་བའི་བསྐུལ་བས་ལེན་ལ་དམིགས་ནས། །ཞག་གསུམ་ཁྲིད་ཆུང་བཤད་པའི་བརྗེད་ཐོ་ལ། །
以紙供養於我寫此歌，依據三天開示之記錄，

སྟག་ལོ་ས་ག་ཟླ་བའི་ཚེས་གཉིས་ཉིན། །རྫོགས་པར་བྲིས་འདི་རྣ་ག་ཨ་སྨྲས་སོ། །
寫於虎年四月第二日，圓滿此者名為惹嘎夏，

འཕྲལ་དུ་ཡིད་ལ་གང་ཤར་བྲིས་པ་ལ། །འགལ་བ་མཆིས་ན་མཁས་པ་རྣམས་ལ་བཤགས། །
隨心豁然所顯而書寫，若有違背向諸賢懺悔，

དགེ་བས་བདེ་བ་ཅན་དུ་སྐྱེ་ཕྱིར་བསྔོ། །ཐུགས་རྗེ་ཆེན་པོའི་དམར་ཁྲིད་རྫོགས་རིམ་རྫོགས་སོ། །
願以此善迴向生淨土，大悲心髓修次圓滿矣。

།།སརྦ་མངྒ་ལཾ།། །།
吉祥如意！

釋　論

〈作者禮敬〉

頂禮大悲觀世音菩薩

這本書的目的，是以簡明且包含一切的方式，提供每一個人為了證得覺醒所必須修持之事。其教示的風格，簡短且直接，最適合目前的時代，因為我們的煩惱熾盛，並且生命短暫，我們沒有時間能夠浪費。

堪布卡塔仁波切

【壹】導言

第一首道歌

甚深法義的教授

正確的見地

經續論典浩瀚無窮數，壽短智慧淺薄難遍曉。

噶瑪恰美仁波切在此偈頌所提出的要點是，以經典、密續方式記錄下來的佛陀的原始教法浩瀚無邊，通常稱為「八萬四千法門」，但這只是象徵性的說法。這些僅是原始教法，事實上還有更多。而且依經、續所撰寫的論釋同樣也是無窮盡的。

如果想在這一生中去研讀，或嘗試修持所有佛陀的法門，是沒有太大必要的，因為首先，佛陀所有的教法不是為同一人而說，它們是應不同人的需求而說。其次，想要先瞭解所有的教法後才去修持，這也是不可能的。依於諸多偉大上師的恩德，許多教法的精要都傳入了西藏，即使我們僅只是專注在藏傳佛教所持有的教法上，數量仍然相當龐大。

聞思再多，不實修就不會解脫

根據佛教徒所認知的歷史，我們會說此時眾生的壽命越來越短。不論實際是否如此，對我們個人來說，這的確是真實的，因為我們大部分是在中年左右才進入此傳承修學。當噶瑪恰美仁波切說：「對那些智慧淺薄的人」，我們不應該認為那是侮辱。這不是說我們缺乏智慧，而是在問我們：願意全心全意、廣泛研讀大量的材料嗎？這兩句偈文的重點是：你未必需要如此做。根據噶瑪恰美仁波切的教示，你不僅不需要去研讀佛陀的所有教法，以及相關的所有論典，就算你終其一生都在研讀這一切，卻沒有時間去修行，所有的學習仍然不會為你帶來解脫。

縱使多識如若不修行，猶如大湖畔前渴致死，

縱使你能理解所有的法教與論釋，假如你學習而從未達到不再有需要學習的地步，假如你一生都只是在學習而從不去實修，那麼你便像是處身在能夠帶你走上解脫的資源旁，卻從來不使用那些資源去實修，就像是在盈盈湖水之岸邊，卻從來不飲水，因而渴死一般。

學者榻上卻躺凡夫屍。

「在學者的臥鋪上遺留下凡夫的屍體」，這樣的危險是可能發生的。這句偈文是說，如果你精勤研讀，以求成為某個領域裡的大學者，但是若不修持的話，就會像任何其他人一樣，死得平凡、困惑又迷亂。精進的研讀法教肯定能為未來的解脫奠立習性與種子，但是你不可能在這一生得到解脫。雖然我們的臥鋪或許會以學者臨終之榻而聞名，可是遺留在榻上的，卻只是一具平凡、迷惑的凡夫身體。

經續印藏智者之教言，加持極大凡夫難思量，

佛陀的教法有很大的加持力。同樣地，印度與西藏的偉大祖師們，譬如八十四大成就者，為教法所撰寫的論釋同樣也具有大加持力，因為它們是佛陀了義教法的真實闡釋。它們既珍貴又有價值，但是大部分的人對這些教法很難真正了解，其實我們也不需要去了解，因為有許多歷史人物的例子，證明我們只要專注於修持上師所傳授的特殊口訣，便能證得圓滿的解脫。密勒日巴尊者就是一個例子，他精進的修持從上師那裡領受的教法，沒有任何故事記載密勒日巴尊者曾經去寺廟佛學院，修習過佛學哲理。

「老婦直指」口訣，對心性最有益

義理開演於寺誠亟需，但於專一修行少效用，
老婦直指於心更受益。

如果你想成為佛學院的教授，那麼你必須知曉大量且廣泛的法教與論典，因為佛學院是傳授這些教法的地方。但是對於一位專心一意修行，只為求得解脫的人而言，這些廣泛解說的教法是不切實際，也不需要的。此偈頌的末句說：**「老婦直指」**（the old lady's finger-pointing）對心將更有受用。如果有人告訴你這裡某處有黃金，但是你不知道是在山上呢？或是在河谷？為了尋找黃金，你必須找遍整個地區，也許你會找到，可是機率很小，而且耗費的時間很長；如果當地有人知道黃金的確切位置，他直接指點你，那麼你很快就可以找到了。

噶瑪恰美仁波切說他所要給予的「老婦直指」教示，對你的心性是最有益的。這與第九世噶瑪巴旺秋多傑所著的《直指法身》(“Pointing Out the Dharmakaya”)的教示類似。**「竹促」**(dzup tsuk)一詞是「直指」，意思是：以純粹、簡短又深奧的解釋，直接指出弟子的心性，弟子因此可以用來修行。這一類的教示是更有利益的。

大印大圓無量甚深法，各自典籍獨特具決定，
傳承持者轉法誠亟需，但為來生自利之修持，
總集為一之法是深義。

例如大手印、大圓滿等深奧的法門教法，數量是無以計數的，對任一法門的傳承持有者來說，必須去清楚了解每一法門的涵義 、名相以及各自修持的方法，才能發展、弘揚法教，不會產生混淆。但若是為了個人的修行、來生的利益，以及自身的解脫，那麼能結合一切法，成為一種法門來修持的話，是最殊勝的一件事。

藏傳佛教有四大傳承：噶舉、寧瑪、薩迦以及格魯，各有獨特的方式來教導行者修行，每一傳承的祖師大德都留下大量的文稿，有些祖師一生中撰述了二十冊或者更多的論著。如果你是某一特別傳承的持有者，你就需要通曉自己傳承特殊體系的見、修與行的名相與方法。相反地，如果你是求自己的解脫而修行，那麼融合這些教法為一而修，反而更有效率。

專精自宗，也要平等尊重他派

無亂清淨善立之教派，於諸宗輪大師誠亟需；
但若唯思來生之利益，修行無派淨相為深義。

對那些特別宗派的法脈持有者而言，能以清楚、獨特的方式，嚴格呈現其清淨無雜的傳承是必要的。若你要傳承某一特殊的宗派，並且專精於此，也是你要教導他人的內容，你不僅必須這麼作，還要採用該宗派最精深的見地，掌握該宗派特別體系的思想方法，專精其中。但如果你只是關心自己未來的利益，為求解脫，那麼培養對所有宗派無偏頗的尊敬與清淨見地，是最殊勝的。

由於你需要專精深入某一傳承，負起延續該傳承法嗣的責任，你對其他宗派也必須抱持著平等看待的心態，即使你對其他傳承不像對自己的傳承那麼關心，也沒有理由不尊敬其他的傳承。但這種關心很容易變成執著，或對自己傳承的貪執，形成排拒或嫌惡其他傳承的一種偏見。

我們很容易變成有宗派分別見的人，就像小孩在遊樂場上對其他的小孩說：「我爸爸可以打倒你爸爸。」的心態一樣，如果你因為不尊敬其他正式宗派的傳統，而生起宗派主義思想，那就會成為阻礙你進步的一大障礙。除非你有責任必須負起弘揚某一宗派的教義，否則我們最好對所有宗派都應保持著清淨的見地，與平等尊敬的心態。

將所有有緣上師融合為一，觀為本尊部主

於一上師具足堅信心，於彼心子法嗣誠亟需；
然欲自身生起證悟德，聚諸具緣上師融為一，
觀為部主祈請為深義。

如果你是某位上師的心子，是延續其獨特傳承的法嗣，那麼依止此單一的上師，將自己完全交付於他是必須的。但是，如果你所關心的是你自己要如何生起覺受、證悟，以及修行道上的種種功德，那麼，最好是能將與你具法緣的所有上師觀想融合為一，觀想他們為你所屬的佛部之部主，並且向他們祈請，這是最殊勝的。「觀為部主」的意思是觀想他們在你的頭頂上方，如同阿彌陀佛在觀世音菩薩的頭頂上方一般。觀想他們是你的部主，並向他們祈請，這是最殊勝的教法。

「具緣上師」指的是：所有你曾從他們那裡接受過灌頂、口傳與教授的上師，不論接受到三種全部或其中任何一種；那些你見過並且獲得他們加持的偉大上師，例如他們以手碰觸你的頭頂，給予加持；或者可能只是你見過的上師。

簡單來說，如果將所有你虔信的上師，與你多生以來所有的上師，結合成為你觀想的主要上師形相，譬如，將這些上師們觀為你特別本尊的部主形相，那是最甚深的方法。

假使你是噶舉傳承的弟子，如同一位真正噶舉派弟子會做的，你

會以嘉華噶瑪巴大寶法王作為你主要的根本上師，但同時你也有其他的上師。如果你認為向大寶法王祈請時，你同時也是向你所有其他的上師祈請。假如你認為大寶法王總攝一切，那麼你自然是向你所有的上師祈請，並領受他們所有的加持。特別是以大寶法王為例，他是大悲觀世音菩薩的化現，正如觀世音有千百億化身，大寶法王也是如此，因此他的佛行事業遍及所有一切。

視根本上師的單一形相含攝了我們所有的上師，可以持守我們與所有上師間的三昧耶戒。從金剛乘的觀點來看，每一次你與一位上師建立起任何法緣，你與他們便有了某種程度的三昧耶關係。如果你只單獨向你主要的上師祈請，而且認為「我只對我單一的根本上師祈請，並不包括其他的上師」的話，那麼你與其他上師間的三昧耶戒多少會有衰損。如果你認為根本上師包含了所有其他的上師的話，因為沒有排他性，你就避免了三昧耶戒的衰損。

將所有本尊融合成一本尊、一咒語，是最勝修

本尊續部極多本尊眾，各有生起次第近修法，
此為上師灌頂所亟需；但為淨障成就悉地法，
總集一尊一咒為深義。

各部密續中，所有眾多本尊各自的生起次第，有各自的趨近階段與成修階段的修法，對給予眾生灌頂的偉大上師來說，他們必須了解這些內容，但如果只是為了個人的需求，比如希望淨除障礙、獲得成就，或現證功德等，融合所有本尊為一本尊、一咒

語，則是最深奧的修持方式。

本尊的數量不計其數，各有許多不同的形相。由於有眾多的傳承與本尊，加上每一傳承修持這些本尊的形相也很多，因此不同的本尊法門數量廣大。如果你能觀修任何一位本尊都是其他所有一切本尊的具體化現，而且無二無別，那麼你便能得到所有一切本尊的加持，因為，事實上他們是一體的，你同時也避免了「挑選」(picking and choosing)的過患——「選擇一位本尊，卻遺漏其他本尊」造成的三昧耶戒衰損。

在書中，以此方法為例，採用的本尊是大悲觀世音菩薩，以觀世音菩薩為例，令此法更易為人了解。因為觀世音菩薩是諸佛菩薩慈悲的化現，向觀世音菩薩祈請，你同時也是向諸佛菩薩祈請。因為他的咒語**「嗡嘛尼貝美吽」**是所有咒語功德的具體代表，持誦此咒語，你等於也同時持誦所有咒語的精要。修持此法門，你同時也修持了所有法門的精要，這是最深奧的。

此外，你也可以避免三昧耶戒的衰損，當你有意只修一法，或數位本尊法，而明顯忽略其他法門時，就會發生三昧耶戒衰損的過失。只要你心裡認為你忽略了其他本尊的修法，事實上就已犯了忽略其他本尊修法的過患。如果你以為修持一本尊，僅只是修持這一本尊，而不在意其他本尊，那便產生了「挑選」的過失。如果你能明白，任何本尊的法也含攝了一切法，你就可以避免上述的過患。由於一切法的本質相同，例如，修持觀世音菩薩這樣的一個本尊法，就足以淨除你的罪障，積聚功德，並且獲得悉地成就。

安住心性，即是圓滿次第的精髓

有緣無緣圓滿次第法，為諸講演導師所亟需，
然為自生證德之方便，總攝安住自性為深義。

圓滿次第的教法很多，如「有所緣」和「無所緣」的圓滿次第，與「圓滿次第」相關的不同教法也很多。相對應於修行者的程度，以及相對應於四部密續等等，「圓滿次第」有不同層次的表達方法。要教導各種教法的人必須了解這一切，並且對這些要有覺受與經驗。你確實不能教導他人一些自己不曾修持過的法。

介紹「圓滿次第」可以有許多方式，但是總攝這一切精要的單一方法便是心性的認知，也就是如何將心安住在自性本質的認知方法。這便是「圓滿次第」的精髓，因為它是所有其他方法的要點，所以最為深奧。若一個人能為了生起覺受、證悟與道上的功德，將所有方法的精要融合為一，也就是說培養認知自心的本性，這是最深奧的。

了知心性，就能去除對顯相的執著

戲論自外及與自內斷，見地教授非一有多種，
然如灶火若熄煙自滅，從內斬斷心根為深義。

有不同的方法能斷除戲論或對實相的謬誤詆譭。這可從外斷除，例如中觀學派採取對事物「是單一，還是多」（編註：即「超乎一與多」的分析法）的邏輯分析方式，去做辨析，行者依事物的組合成分做分析，決定事物是由物質組成，而物質又由細微的粒子組組成，而粒子又可被分解成更細小、細微的粒子等一層層解析下去。通過分析後，最後顯示出事物並非實體存在的，這種藉由外在分析方法，從外慢慢趨內去剖析事物，以去除實相固有的錯誤概念，是中觀的見地。

另一種方法則是經由心性的直接認知，由內斷除戲論，這種方法的一個例子是第九世噶瑪巴旺秋多傑所著《直指法身》所教導的大手印方式。

描述「離戲論」的見地有無數種方法，但就像爐中的火熄滅時，煙就會停止一樣，我們只要斬斷心的根本，或確認心的真實本性，則可由內來斷除戲論，是去除對顯象執著最殊勝的方法。

這句偈文所要教導的大手印方法，基本概念在於：如果你認知了心的本性，那麼就可以去除對顯相的執著。因為當你完全認知心性時，就會認出顯相是心的展現，因此它們的本性就是心性本身。

禪修的要點

上面是關於見地的偈頌，下一偈開始是有關禪修的偈頌：

▌了知「明空」本雙融，是最殊勝的生圓合一修▐

有相無相諸多禪修法，明空生次念圓為深義。

禪修方法有許多種，例如「有相禪修」與「無相禪修」，但是最甚深的法門是剎那憶念即圓成的「生起次第」，那是明空雙運的殊勝教法。但是，一般我們見到的許多禪修方法，都強調要著重在「智慧」或「方便」的兩個修道面向上。

「生起次第」與「圓滿次第」之間的真正關係是：一個完全純正的「生起次第」，其本質與「圓滿次第」是不可分的。因為真正的生起次第，是顯相的明晰與其空性的雙運，而空性的認知則是「圓滿次第」的精要。基於這個理由，結合兩者的修持被視為是最深奧的。

更重要的是，你應該知道，你並不是真正在結合兩件事情做修持，因為「明」與「空」本來就是雙融，並不需要刻意去結合它們。換句話說，以這樣的了解來修持「生起次第」，並且在一剎那間生起圓滿本尊的特殊方法，是最殊勝、最深奧的觀修方法。

行持的方法

行持雖有高低粗細別，精進行善遮惡為深義。

傳統上，對行持的說法有許多層次定義——高、低、粗、細等等，但是最深奧的行持方式，就是盡自己最大努力去修持善業，並盡力斷除惡業。這裡所謂大部分傳統行持的定義解釋，包含了對成就者的行持、初學者的行持，以及各種不同層次行者，應如何行持，所提出的忠告。噶瑪恰美仁波切說，最深奧實用的行持方法是「積聚善業、斷除惡業」。

果位的深意

得果之時果法有多說，若能修持無誤見修行，
確信得果堅信為深義。

至於果位，有無數方法能教導我們證得果位，但是如果你正確無誤的修持「見」、「修」與「行」，確信修持的過程沒有錯誤的話，你終究能證得最後的果位，這是最深奧的意義。

果位本身並沒有什麼不同，差異在於用什麼樣的方法來詮釋果與果位。譬如，在經教中，「道」分成十地菩薩；而在大手印教法裡，則有「大手印四瑜伽」（編註：專一瑜伽、離戲瑜伽、一味瑜伽、無修瑜伽）的十二次第。

能生起「見」的定解，確信「果」的功德本來就已具於「基」（或「根」）內，而不是由「道」所產生，同時也明白「道」的修持方法與禪修祕訣，如理如法的修行，並且合宜的行持，這是最深奧的。簡單來說，確信經由「道」的適當修持，你必能證得果位，這是對「果」最甚深的定解。

為利佛教犯惡罪墮等，於諸登地菩薩不為障，
吾等凡夫畏墮三惡趣，警惕無犯罪墮為深義。

據說，登地的菩薩，為了利益佛法的弘揚，不會受到深重的惡業或罪行所障礙。然而對懼怕投生三惡趣的我們，若能避免接近或思維過患墮罪，則最為殊勝。雖然有些故事中曾提到，菩薩為了利益眾生與弘揚佛法，表面上造作了惡業，但背後實際上卻含有另一層深義。但是對尚未成就菩薩的人們而言，最深奧的事，應該是避免造作所有的惡業、過患，或違反戒律，包括接近任何惡行或犯戒。

迴向的利益

上供下施書寫讀誦等，為利廣大眾生非自利，
三輪體空迴向為深義。

你所做的所有善行，例如供養三寶、佈施有情眾生，以及其他善行，如抄寫經文、讀誦、學習等，都應該以利益眾生為目的，做迴向封存。其中最深奧的方式就是：發心動機，這些行持不是為了個人利益，而是為了所有眾生的利益而做，而且特別要以「三輪體空」的方式，迴向這些善行。「三輪體空」是指：「沒有積聚善業的迴向者」、「沒有接受迴向的對象」，以及「沒有迴向的善行」這三件事的概念。

初學者是否能完全做到如上述這樣殊勝的迴向，雖然我不能確定，但是我們可以生起這樣的意念：「願我們所做的一切善業，都是為了所有眾生的利益。」我們可以將善行迴向給眾生，以求眾生的開悟，我們也可以學習諸佛菩薩所發的迴向，就如同迴向儀軌一樣，引用諸佛菩薩迴向善行的方式來做。如此，我們便可發起最為殊勝的三輪體空、無有所求的迴向。

此為教示深法第一曲。

這首道歌指出佛法中最甚深的抉擇。

問與答

學生：我們如何能將一本尊觀成所有本尊的化現呢？尤其是如果我們持守四加行的承諾，是否我們就修持自己主要的法門，同時相信他含括一切，或者只是保持著視所有本尊為一本尊這麼一個見解？

仁波切：有句話說，如果修持一本尊，你將成就所有的本尊。對相信這句話，與持有「所有本尊具有同一本質」確信見解的人而言，這是真實的，如果你確信這是真實的，那麼它就會產生作用。修持任一完整的本尊法，你將能成就所有本尊法的精要，包括你所修持的任何特定完整的本尊法：前行法、正行法，以及結行法。此種方式意謂著，一套本尊法(one deity package)的重要性。

有個例子可以說明他是如何達成的。如果從我們現在坐著的房間的角度來看天空，我們可能會說有六個天空，因為房間有六扇窗戶，我們看見六個清楚而且不同的空間顯露出天空。一旦你離開這個房間，走到屋外去，就會看到這些全部是同一個天空，窗戶不是天空，它們只是通向天空的孔洞。

同樣的，所有的本尊也像我舉的例子那樣，他們都像是能通向相同根本體性的窗口，通常我們因為缺乏這種了解，結果我們認為本尊是單獨的個體，有各自的功能，我們變得非常在意哪一本尊是符合我們需要的？哪一類本尊對我們有幫助、有好處。

譬如，生病了，我們可能會想：「要消除這疾病的障礙，我肯定必須修持度母才行，但是，因為是身體的病痛，我可能應該修持藥師佛，或為了長壽，我應該修長壽佛等。」我們陷入那種思考，認為本尊是各自不同，彼此獨立的。這容易讓本尊法的修持好像在做購物買賣，試圖為了一種特定情況，去找到最好的商品來使用。

如果你對本尊法有那樣的見解，那麼只修持一本尊是行不通的，因為你會錯誤的認為你只是在修持一位本尊而已。相反的，如果你了解：首先，所有本尊是同一體性；其次，他們具有同樣的效應或加持力，那麼他就會起作用。

譬如，這地球上有如此多的河流與水源，如果有人決定他必須嚐遍每一河川、每一水源的水，那麼終其一生是不可能辦到的。假如他們仔細思考，意識到原來所有的水，基本上都源自同一海洋，或同一海域（而且他們能暫時忘掉海水並不好喝！）那麼，他們到海邊飲用海水，就某種意義來說，已嚐遍地球上所有的水。如果你有那樣的見解，那麼修持一位本尊肯定是足夠的。

理想上，這單一的本尊應該是你多生以來具緣的本尊，這會使修行變得更有效用。這種具緣的徵兆是：當你僅只是聽聞到此本尊的名號，或在唐卡上、其他地方見到該本尊的形象時，便生起與其他本尊不一樣的特殊感受。若缺乏這類緣分的跡象，可以經由上師的指示，修行某一特殊本尊。假使上師建議你修持某一本尊，認為那對你會有利益，而你信任上師的建議，堅信一定有效用，那是很好的。

我們在修持本尊法所遇到的困難是，我們對本尊本身，以及對修行的成效有太多的懷疑，以致於修行一法多年，卻沒有太大的成就，因此，多年修持之後，我們便認為這本尊法的修行是沒有效用的。我們以為這本尊一定有些問題，而懷疑是否應該要改修另一位本尊法。由於我們一開始便有錯誤的想法，認為本尊各自不同，所以即使改換本尊也不會有太大的幫助。只要我們還有那種想法，不論我們修持了多少種本尊法，都不會有太大的成就。

學生：一個完整或全套的本尊法是什麼呢？

仁波切：表示本尊法應該完整的被修持。你開始先修「前行法」，累積四十萬遍的四加行，然後才開始本尊「生起次第」的修持。「生起次第」基本上是一種有相或有技巧的「止」的禪修。當你修持本尊法的「圓滿次第」部分時，基本上你是在修「觀」(lhaktong)，這些是正行法的修持。

在某一方面來看，你可以說結行是果，但基本上，結行包括將修法功德迴向，以求眾生開悟。在任何一種本尊法的修持中都可以看到這種形式：前行（或稱準備）、正行，以及結行。

學生：既然我們已經聽聞了所有本尊在本質上具有相同的體性，我們如何能辨別自己確實對此有信心？

仁波切：經由聽聞與思維，你可以生起這種確信。透過聽聞解說，然後思維或分析，你確信這是必然的，諸法本該如此，那就是信念的來源：確定這個（如前解釋過的）就是本尊的體性。如果根據你自己對教法的了解，以及從上師處所接受的教授，你不能生起確定的信念，就很難完整的觀修任何一本尊法。這是因為你自己無法完全依止本尊，這是修持的重點，結果，你將不能認知該本尊的體性。

學生：由內斬斷心之根，並體悟他的真實本性是否較為深奧？那是大手印之道嗎？

仁波切：由內斷除戲論，是大手印與大圓滿的方法。

學生：我的問題是關於，由聞、思生起確信的這個話題：當一個人初接觸佛法時，通常都被教導要提出疑問，並且去審視事物，在本尊法與大手印實修上，生起疑問是否有用？

仁波切：生起疑問與分析的運用，要依據個人的理解力或般若智慧的程度。如果你能以般若智慧去衡量事情，那是最好的，在聞、思的當下就能生起最深奧的確信。但也不能假定每一個人都能做到如此，如果你做不到，那麼最好的方法就是，對具格上師的教授有信心。

舉例說，如果你想到一個你不曾去過的地方，你想確定知道那地方的樣子，如何去到那裡等等，如果你視力清楚，你可以自己看著那個地方、決定該走的路徑、特徵、旅程必需品等等。如果你像我一樣，視力不是特別的清晰，最好能找一個看得清楚的人為你描述，並且為你解說旅途應準備的東西等。最終，它還是得靠個人清晰的洞察力或般若智慧來達成，即使你沒有能力自己衡量這些事情，如果你對一位具格上師的教導有信心，一樣可以前進，證得最終佛果。當然，最好的情形是你有能力自己衡量這些事情。

學生：是否能請您大概敘述一下「大手印道」與「大圓滿道」主要的異同點？它們是相似的嗎？它們是合一的嗎？或者二者皆是？

仁波切：大手印與大圓滿之間的關係，就像存在於兩個不同地區或國家的水一樣。兩個水源獨立，有不同的源頭，存在於不同的地方，因此名稱也不相同。雖然他們很不一樣，如果你分析水來自何處，就知道有海洋，而太陽的熱力使海水蒸發，然後水氣變成雨水，重回到地面，聚集成這些不同的湖泊。如此，一切的水都來自相同的地方，沒有其他的來源，這是地球生態系統的一部分。因此所有這些不同部分的水都源於相同的地方，有相同的功用，你飲用任何水源的水，同樣可以解除口渴。

同樣的，大手印與大圓滿兩者都指出相同的本質，並非有兩種本質，不是說有些人具有大手印本質，而另一些人具有大圓滿本質。至於修道方面，道，包括淨除障礙，由此逐漸開顯「基」的本具功德。僅就那方面而言，大手印與大圓滿是相同的，而且也具有相同的功能；所不同的是它們的傳承，以及使用不同的名詞，事實上，名詞所代表的內涵是相同的。

至於結果，兩者都能成就佛果，所達成的果位也相同。佛果是「道」的最高點，一旦所有的煩惱淨除後，「基」中本自具有的所有功德將自然開顯出來，那就是佛果，是「道」的最終目的。並不是大手印與大圓滿會引導到不同程度的佛果，好像一個會引導到較次等的佛果，另一個會引導到較高層次佛果的那種錯覺，也不是說它們會導致兩種不同的佛，而有不同的大手印佛與大圓滿佛。

部分問題在於「雙融」(sung juk)這個名詞。當我們談到「明空雙融」(union)或「明空一體」(unity)時，也有這樣的問題。這個名詞在藏文或英文字義上，是指兩件事被交互作用為一體，那就是為什麼我們稱它為「雙融」，但更確切來說，是指概念上分為兩件事的一體性。這本書與其說是大手印與大圓滿的結合，不如說它指出兩者的根本實為一體，這根本一體的存在，是因為它們具有相同的本質。

學生：我不太了解一個人如何能做無概念的迴向。我知道有不同層次的作法，如果您能為我們這些不一定有某類高層次證悟的人解說一下，我會非常感謝。

仁波切：迴向所包括的三輪或說三要素是：迴向者、迴向的對境，以及迴向的善行。沒有這三者的概念，是指沒有這三者本自不同的這種過錯；也就是沒有把自己、善行，和一切眾生，看作是三種不同事物的過錯。這與第九世噶瑪巴旺秋多傑在**《直指法身》**裡的解說一樣。他對**「觀」**的解釋是說：「顯現的事物，所顯的相，以及生出顯相的心，並非三種不同事。」當你安住在無概念顯相的直接體驗時，這三者就不再有任何分別。

如你問題中指出的，無概念的迴向有兩種：**真實無概念的迴向**(authentic nonconceptual dedication)以及**隨順無概念的迴向**(concordant nonconceptual dedication)。一旦你證到了專一、離戲瑜伽的層次（根據大手印道所分的次第），真實無概念的迴向就開始了。從那刻起，由「下品專一瑜伽」直到「上品無修瑜伽」，在離概念的自由度上會有逐漸增加的深奧性與圓滿性。在那之前，我們所能做到的，最好的是隨順無概念的迴向。

就像你的問題中所提到的，這是因為當我們迴向功德時，我們對它有個概念，認為「我將已積聚，或將積聚的功德，迴向給所有眾生。」的想法，因此在迴向時，我們仍然相信這三者是存在的。

目前我們無法以真實無概念的方式來迴向，因為我們沒有體驗到無概念性。我們必須設法接近那樣，因此在迴向文的措詞裡，至少引用無概念的迴向，這就是為什麼迴向文儀軌會引用諸佛菩薩真正無概念迴向的方式。當我們迴向功德時，我們總是引用這類的偈子：「正如文殊勇猛智與普賢菩薩的無概念迴向，我隨順他們迴向的方式」，實質上，你是祈求登地的文殊菩薩與普賢菩薩來幫助你。你祈求他們幫助你，如同他們在迴向中所作的迴向，因為你現在還做不到那樣的迴向，這樣的結果不是說你的迴向就會變得完全無概念，而是能比原來更接近無概念。這就是為什麼我們總是在迴向文內包含這樣的說法。

學生：當我們修本尊法時，它是否比想像還多呢？舉例說，如果我們修持藥師佛，在最後我們觀想從藥師佛放光到需要接受治療的某一特別眾生或所有的眾生，那完全是假想的嗎？即使在修法中我觀自己為藥師佛，但我仍然是個完全平凡的眾生，因此我很在意這件事。再者，如果人們不知道我在為他們祈禱，那仍然會有益處嗎？

仁波切：無論如何，如果你確實虔誠的修藥師佛來為他人祈禱，你將能幫助到他們，以下有幾個理由。

首先，雖然那是真的，如你所言，就某種意義來說，「生起次第」是想像的——也就是說，你在觀想許多事情——然而它並非不真實。在任何一個「生起次第」修法的圖像所描述的，是「基」的功德，它是實在的。它們是真實存在的，那些功德被描述為勇父與空行等等，雖然當你觀修生起次第時，你所從事的是想像的行為，然而你觀修的是真諦，因此你的作為的確會有力量。

同樣的，不僅是本尊的觀修有力量，咒語的加持，以及你的專注，你的三摩地也是具有力量的。以藥師佛的例子來說，他的願力有不可思議的力量與加持，當藥師佛初發菩提心時，便立下一些誓願，包括經由他的功德與智慧，眾生僅是聽聞他的名號，就足以袪除疾病，否則他將不成正覺。立下這些誓願後，他接著追求佛道，並究竟成佛，這表示他的名號現在就具有那樣的力量。基於這些理由，你修行也一定會有利益的。

其次，要如何對他人產生究竟的利益，在某些程度上還是需要依靠他們自己。如果他們的業障不深，或者很容易接受你為他們做的祈請，並且有求解脫的強烈習性，他們可能會更直接受益。你無法擔保像這樣的法門能利益每一個人，就像你筆直的朝他們射箭一樣，也許最多只能加強他們求解脫的習性，那個習性只能在未來某個時候才會顯現。如果是這樣，不表示修持的力量不真實，或者是藥師佛的願力沒效用。

那就像太陽，太陽可以非常明亮耀眼，但是如果一個人眼盲看不見，那麼，不論太陽光是如何燦爛，他們都看不見。你感受到陽光明亮的程度端賴你視力的好壞，同樣的，他人能從我們的修法得到多少的利益，在某種程度上與他們的接受度有關。

即使只是希望能那樣利益他們，你就與他們建立了善緣。任何與佛、菩薩，包括藥師佛，以及你為自己發的善願、善緣都是有利益的。甚至惡緣最終也能導致那人的覺醒，一個無記的緣也能幫助他們，舉例說，假如你知道某個人，但與他們並沒有好或壞的關係，當你真正為他們祈禱時，就會依據以前的無記緣而生起強烈的緣。

但我們無法擔保利益是否能立即顯現，就像用藥師佛的加持或類似物品為他們注射一般，雖然可能會有那麼一點效益，但無法保證會那樣。同樣的，也無法擔保不會像那樣；大成就者確實能以遷識法門，或是祈禱來解脫中陰眾生或動物，這並非不尋常，大成就者的祈禱也常顯現出力量，確實能幫助人們脫離某些境況。簡單來說，無論如何，你的修行一定能利益他們的。

學生：當你專注於一本尊法的修行，來履行你所有的三昧耶，你是否觀想這一本尊代表他們全部呢？你是否在一座禪修開始時便說：「觀世音菩薩，就是一切諸佛菩薩」，或者有其他該做的事呢？

仁波切：你可以選用任何種類的觀音修持法，例如「千手千眼觀音斷食法」或其他許多法，但是基本上選用在噶瑪三乘法輪寺(Karma Triyana Dharmachakra)，噶瑪三乘法輪中心(KTD附屬中心 Karma Thegsum Choling)以及卡盧仁波切的中心所修持的四臂觀音法就足夠，它稱作**《利益遍虛空眾生》**(Benefit for Beings Throughout Space)。

「四臂觀音法門」之所以很特別，是因為他由怙主卡盧仁波切與第十六世噶瑪巴大寶法王兩人所推薦的，他們認為現代人需要一個單純、易修、同時又不失完整與深奧的法門，一種無須太多學習或複雜的修法程序，卻依舊能引領眾生到希求的結果。

噶瑪三乘法輪寺(KTD)每日修持的四臂觀音法，是所有中心選用最基本的修持儀軌，也總是人們第一個接受教導的儀軌法門。雖然有許多其他的法門，偉大上師們提議這個特別法門的用意是因為我們的生命短暫，我們比前人更沒有時間能修行；由於我們的煩惱似乎沒有減弱，而且我們經常受到他人的影響，縱使我們進入佛門，我們仍未能百分之百的修行，我們需要一種很直接的教導與修持。因此，這個法門是因偉大上師的祈願而修，只是修持這單一法門，在這方面來說就已足夠了。

【貳】前行

| 四共加行

| 四不共加行

一 四共加行

第二首道歌

人身難得的精義

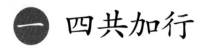

接下來的兩首道歌與「轉心四思維」有關。透過這四種思維，你會了解什麼是輪迴；你會認識到佛法是自、他唯一真正的皈依；而且你也會知道解脫與遍知的成就是依靠法道的追求。

要了解輪迴，以及我們是如何執著虛幻之物以為實有，你就得先知道現在所擁有的，哪些需要優先或適當利用。這就是為什麼在解說無常與能引發悲傷的思維之前，我們要先知道的第一個要旨，它也是第二首道歌的主題，即如何善用此寶貴的人身。此首道歌根本的要點是：如何不浪費這極其稀有，又極為寶貴的機會。

值佛出世、佛法住世，極稀有！

耶瑪霍（稀有哉）！時劫雖多佛法出現難，
剎土雖多佛陀出世難，佛陀縱降佛法住世難，

「耶瑪霍！」是個指令，要我們振作精神並且仔細聆聽：
多劫以來，真正佛法的傳揚或住世是極稀有的。「多劫」在論藏的教授中指的是，在八十劫中只有一劫有佛出世，因此也只有那時有佛法的出現。根據論藏，連續八十黑暗劫之後，才會有一光明劫的出現。黑暗劫中無佛出世，因此也沒有佛法。而在非常稀有的光明劫，佛法也並不是從那一劫的開始到結束都存在。事實上，即使在光明劫中，佛法也只是間斷地存在。

雖然剎土很多，有佛出世是稀有的。「剎土」的意思是「地方」，在這裡並不一定是指淨土。譬如我們所居住的剎土，從佛法的觀點看，這是釋迦牟尼佛的剎土，因為這是他的教法被修持的剎土。即使當佛在某一特殊劫出現，因為他們只在該劫的某一段時間出現，在任何時間大部分剎土都是無佛出世的。一劫包括了一剎土的逐漸形成、安住、毀壞與消失（成、住、壞、空）。佛不會在剎土的成、壞與空三個時期出世，在住劫期間，壽命有增長以及變短的週期，佛只在壽命變短的時期出現。因此，即使在光明劫，佛的出世也是極為稀有的。

縱使佛出世，佛法能住世傳揚也是稀有的。就我們目前的狀況，不僅釋迦牟尼佛教法的字句仍留存，而且其意義也存在，這是非常稀有的，事實上，這等同親見佛陀本身一般。於此賢劫，目前為止已有七佛出現，其中我們僅能從釋迦牟尼佛處接受到教法。之前的六佛，我們僅能在傳統歷史記載中找到其名字而已。

能得人身並具備完整根器，極稀有！

縱生六道人身獲得難。四大部洲南瞻出生難，
南瞻部洲佛法出現難，縱生彼處諸根俱全難，
諸根雖具能思正法難。

在六道眾生中，能獲得人身是稀有的。
稀有是指其價值較高，而它價值較高的原因在於，倘若你投生在其他的五道中，你無法修持佛法。地獄道眾生無法修持佛法，因為他們沒有機會接觸佛法，也沒有閒暇可以修行。餓鬼道與畜生道眾生也是一樣。阿修羅道眾生忙於戰爭，沒興趣修行；而天道眾生陶醉於天道的享樂，也沒有修行的興趣。只有生在人道的眾生才能真正修行，這是為何生於人道，尤其是作為佛法修行的人身，是珍貴難得的。

人道的四大部洲中，能投生於南瞻部洲是稀有的。
即使在南瞻部洲內，有正法傳揚的地區也是稀有的。南瞻部洲是我們人類居住的世界，在四大部洲，四種人道眾生居住的環境中，只有南瞻部洲內有佛法可修持，縱使在南瞻部洲內，我們所知道的人類世界中，如果你仔細想一想，在這世界中真正能接觸到佛法見、修、行的地區有多少？那的確是極為稀有的。

即使你投生在這樣的地區，要具備完整的根器也是很稀有。根器(faculties)在這裡指的是信心，它對佛法的修行十分重要，卻又極為稀有。書上說，雖然你諸根俱全，但能憶念正法是稀有的。

即使你諸緣具足，包括智慧等等，能有興趣修學佛法或憶念佛法，是相當稀有的。

遇合具格上師，極稀有！

雖欲學法具格師遇難，縱遇上師體驗傳授難，
雖得傳授熟灌得賜難，縱二具足自性直認難。

即使你有心向法，能找到具格的上師是稀有的。一位具格的上師必須具備灌頂、口傳、教授與體驗的完整傳承，並且具有傳授的資格，即使你得遇如此殊勝的上師，能領受到修持口訣更是稀有。

即使你可能親近了一位上師，但是能夠領受上師依他自身的體驗來傳授，次第指引你在趨向解脫道上，每一階段該做或不該做的口訣，實屬稀有。即使你接受了這些口訣，能有成熟心續的灌頂更是稀有。那是說不僅接受了灌頂，而且是真正接受灌頂的根器，由於信心與諸緣使灌頂發揮效用而成熟你的心續。

即使接受口訣教授與灌頂這兩者都具足了，要能認知自心本性，更是稀有難得。

今生不修，如同進了寶山、空手回

種種稀有現今咸具足，非是巧合實因昔願力，
斷絕輪迴努力正是時，若無力者猶如寶山遊，
兩手空空決定無功返。

你具足了所有這些稀有難得的條件，不純是巧合，而是你以前發願的結果。這些被視為稀有難得的條件全具足了，是你多生以來累積福德資糧、發願，與長時間培養虔誠信心的結果。現在就離棄輪迴吧！在此順緣具足的殊勝機會下，你擁有所需的每一件事，無一物能阻止你，你應該在道上精進修行，積聚充足的動力，達到不退轉，並期許自己能在未來世繼續直赴解脫。

如果無法這樣做，那就比進入金銀島卻徒手空返的人更加悲慘。假想有個十分貧窮的人，不僅終生窮苦，而且多生以來都窮困潦倒，他去到了遍地珠寶的島上，知道那是珠寶，甚至也撿了一些珠寶，但是由於某些原因，在離開前，他把珠寶放回原地，空手回到來處。想想看，那是多麼地不幸啊！他還是和以前一樣的窮困。不曾修習佛法就離開人世的人，比那樣的情況還更悲慘，因為你甚至不能再維持從前的景況了，你可能會不斷的投生到下三道，例如地獄等，而且你再也沒有任何機會可以修習佛法了。

爾後如是諸緣能得否？尤其無上密咒金剛乘，
彌勒菩薩以降之千佛，將無宣說欲學誠無望。

你或許會認為：「好吧！就算我今生不修持，我肯定還會再投生為人，那時就可以修行了。」書上說，你未來幾乎不可能再具足這些殊勝圓滿的條件了。幾乎不可能的原因是因為，導致你在這一世投生為人的善業和其他的因緣，可能已經用盡了。你將無法再生而為人，除非你再積聚投生人道的因緣，因為如果投生為人的業因在這一世用盡，沒有理由相信你來生能再生而為人。一個人幾乎不可能在往昔就積聚如此龐大的福德，以致於即使他們此生不修行，而還能再投生為人，這是極為不可能的。

尤其是金剛乘，至高無上瑜伽乘，賢劫其他千佛將不再宣說，未來你不再有希望能領受到這些教法。金剛乘是釋迦牟尼佛特殊的教法。賢劫其他諸佛，從彌勒菩薩以來，沒有一位會再傳授金剛乘，並非他們比較不慈悲，而是因為在其餘諸佛傳法時期，眾生不再是金剛乘的根器。

現在的眾生具有信心與智力，使得金剛乘正適合他們的需求。譬如海洋表面通常不會找到燃燒的火燄，因為水的本質是不導火的環境，同樣地，在未來佛的時期，金剛乘也不會存在於那時的眾生中。這表示要在一生中迅速成佛，或是在三世或七世成佛的機會，將隨著釋迦牟尼佛教法的消失而結束。

善用人身機會，自利利他

於此珍貴難得之人身，倘不使用從事證覺利，
於時無多終須自拋棄，或為犬鳥吞噬或火燒，

此世應轉無義成具義。

獲此難得而且暇滿寶貴人身，如果不善加利用，不久就會失去這機會，構成此機會的肉身將為禽鳥、野狗吞噬，或被大火焚化。

善用此機會就是將寶貴人身用於佛法與善行的修持上。如此做，你可自利又利他，不久你將失去此色身，因為在相對短暫的時間內，你將會死亡，死後，你的心續與色身將會分離，心將隨著業與煩惱的動力，活著時那麼有用的色身，將不僅毫無用處，而且會被毀滅掉：被吞噬，或者被燒毀。

必須提到這一點的理由是，我們的行為很容易受貪、瞋、癡左右，而浪費大部分的生命。一生中，我們所累積的絕大部分印痕是不善的，並且容易導致投生下三道。因此，要使無意義的事變成有意義，這可以詮釋為：「使無精要的具精要」。這是說，你的身與心在某種意義上是無意義的，或是說沒有精要，因為身與心二者僅是暫時的結合，並不是永久的一體。當兩者結合為一時，就應該善用這機會。要如何善用這個機會呢？

守護誓戒，善用身心做有意義的事

所受淨戒誓言嚴守護，望晦八三齋戒應持守，
善用雙手恆常行百拜，善用雙足環繞於所依，
善用口舌日修誦六字，善用財富供施積資糧，
善用心續禪修空與悲。

你對接受過的所有誓言與三昧耶戒，都應該清淨守護，任何你曾領受的誓願，從皈依戒開始，都應該小心謹慎地持守。為了善用此人身，在陰曆每月初一、十五及初八日，應領受並持守紐涅（八關斷食）齋戒，一日齋戒，即使你無法修持完全的紐涅齋戒，仍然可以在這些天的清晨，或其他重要的日子例如陰曆初十的清晨受戒，持守當日過午不食的戒與其他的戒。

為了使生命有意義，其他能做的事包括：
用雙手做禮拜；
用雙足朝聖繞佛塔寺；
以口舌修持儀軌，尤其是六字大明咒的持誦；
善用財富，慷慨佈施，將財物用於資糧的積聚；
善用心智觀修空性，長養慈悲。

今日四大假借之幻身，善用時屆待還須安忍，
猶具馬馱路糧之旅人，雖須往返而無諸苦惱。

善用此幻化、四大假借來的身軀，一旦大限期屆，或者必須放棄時，你將不會遺憾。我們說「四大假借之幻身」意思是你的身體是由四大元素組成，肌肉屬地大元素，血屬水大元素，體溫屬火大元素，呼吸屬風大元素，由四大組成的身體早晚都會崩離，也就是我們所謂的死亡。在死亡之際，假借來的四大暫時組合體都將歸還，身體將分解成各自的元素。如果你不曾善加利用你的人身，面對死亡時你會感到非常懊悔；但是你若曾經善用此人身來修行，你將比較不後悔，也能忍受必須歸還的這個事實。

做個比喻，你像一個即將踏上旅途的人，把所需要的資糧全部準備充足，就不會認為旅途是痛苦的。如果你有一匹馬、糧食以及所有其他必需的物資，那麼即使被迫踏上旅途，你也不會太介意，你不會認為必須遠行這件事是痛苦的。從那角度來看，如果你曾妥善運用此人身的機會，為死亡積聚必需的資糧，例如積聚福德，行善業等等，那麼，事實上要踏上旅程，你將感到歡喜，而不會認為那是痛苦或是負擔。

此為第二人身難得精義歌。

第二首道歌，開示如何令此難得的人身有意義。

問與答

學生：仁波切，我的問題有兩部分，短期內我可能不需要去擔心。不知道為什麼只要一想到在中陰時或許能證悟，就很困擾我。我覺得要在中陰時證悟，那會是個有點寂寞的地方，因為我無法與所有我認識的人在一起。

問題的第二部分是，如果未來有千劫、萬劫、億萬劫的時間，而如果我們證悟了，在那千劫、萬劫、億萬劫的時間，我們要做什麼呢？

仁波切：從你第一個問題來判斷，似乎你很關心未來證悟時的社會涵義。你想與他人分享，希望被他人肯定與讚嘆。我設想你這樣的理由是你希望你的證悟成為信心之源，因而可為他人積聚福德。

好消息是，你在中陰時並不孤獨，因為中陰眾生是可以看見彼此的。事實上，在中陰你會有更多的同伴，比你現在還多，因為每天有成千上萬億的眾生死亡，而進入中陰，因此，那是個忙碌的地方！壞消息是，如果你在中陰時證悟了，其他的中陰眾生將無法看到你，只有那些新近死亡，且具特別清淨業力或清淨感知力的眾生才能見到你。

另一個好消息是，當一個人證得佛果時，他所處的環境並不重要，所以這不會是個問題。在一生中或在前後生中證得果位都沒有關係，對一位證果的人來說，顯相是一樣的，因為他們已認知一切顯相是法性的顯現，對他們來說，身處中陰與活在人世，並沒有真正的差異。因此，他們是否在中陰，並不會影響他們證悟後利益他人的事業，基本上，那是相同的。證悟後你利益他人的能力，用來與他人溝通，或任何你選擇的都會是相同的。

關於你的第二個問題，如同我在他處提過，我們無法說：「在如此與如此的時刻，輪迴就會空盡」，同樣的，我們也不能說輪迴結束前，只剩下這麼多劫。這是為什麼我們說佛的事業在輪迴空盡前是無止盡的。一旦得證，從那刻起，直到輪迴盡空，他們都在行佛事，任運、遍一切處、無止盡，而且包括佛的四事業。雖然此事業是無止盡的，而且就某種意義來說，他是遍宇宙的，但是佛不會受事業與遍緣而染污，因為佛已沒有任何煩惱。這便是你證悟後長劫所要做的事。

學生：我有兩個問題。一個人壽命的長短與所在的時期，不論是在成、住、壞、空，有什麼關係？其次，為什麼佛只在壽命減短的劫出現？

仁波切：先回答你的第一個問題。劫(kalpa or aeon)有不同的用法。一大劫包含從一個世界的生成開始，直到不僅是該世界滅亡，也包括一切全消失直到下一個世界再在該地區生成的時段。換句話說，這是非常長久的，在世界初形成時，是沒有眾生存在的，一旦環境奠定，便開始有眾生居住，而在世界毀壞之前，就不會再有眾生。顯然空無一物的時期是不存在有任何的眾生，在一劫的其餘時間，會發生好幾次的增減，通常說「增二十與減二十」。

當一個世界開始有眾生居住時，住於其中的眾生有極大的福德，他們的數量會增加，然後數量終究會開始減少，由於眾生的福德減少了，他們的壽命開始減短，而且他們的環境在每一方面都逐漸變差，直到變成非常惡劣；接著又逐漸恢復並且增加；然後又再減少等等。

佛，僅在萬物減少時（以壽命而言）出現的理由是，當萬物增長時，眾生是那麼歡喜與樂觀，他們不會有出離心，他們覺得強壯、有活力、又崇高，而且因為每一件事都如此美好，他們無法受激勵去修學佛法。但是當萬物逐漸減弱時，人們感到害怕；他們感受到情況變得越來越糟，生命越來越短暫，他們的健康惡化，煩惱變得更強烈等。

在增長的時期中，眾生有較多的福德，它會增長的理由，是由於眾生共有的福德。而在減弱的時期，雖然眾生福德較少，煩惱強大，但他們卻更能接受佛法。當我們談到器世間，例如世界或宇宙，以及其中的有情眾生，我們心中常會認為兩者是分開的，但是世界的生成，僅是由於該世界眾生的共業，因此，器世間的變動與情世間福德的變動是一致的。

學生：這僅限於人道嗎？

仁波切：它是環境，是所有六道存在的世界。通常它被解釋為同時發生在大千世界中。

學生：恰美仁波切告訴我們應該做些對生命有意義之事。他所建議的事情之一是在新月、滿月等日持守一日齋戒，我們要如何做呢？是在那一日的清晨做嗎？

仁波切：你在希望持守齋戒的那一天，早起並且受持齋戒，通常你持戒直到第二天日出時。如果一日的齋戒沒有做特定的修法，那麼主要的改變（除了戒律本身之外）是你在當日只吃一餐。那一餐不應該有肉、葱、蒜或興蕖（編注：即洋蔥頭，五辛之一），你可以食用乳製品、麵包、酸乳等。當天晚上你可以喝飲料，但是飲料不應該特別濃稠或滋養，譬如假使你要喝茶或咖啡，就不可以添加太多牛奶，也不應該是酸奶的飲料。可以說話，應該在當天盡可能行善業。第二天早上不需特別的儀式來解除你所受的戒，戒自然終止，能在第二天日出時，迴向功德是很好的，如同斷食齋戒（紐涅nyungne，漢傳又稱「八關齋戒」）一樣，八條戒律都必須持守。

學生：我們需要唸誦祈請文儀軌來受持這些戒嗎？或者就想著我們正在受持戒就可以了呢？

仁波切：你要唸誦斷食齋戒（八關齋戒）儀軌前面受戒的部分。

學生：在南瞻部洲這一賢劫已有七佛出世。我以為釋迦牟尼佛是

第四位，而大寶法王是第六位。

仁波切：這一賢劫到現在，在此世界中已有七佛出世，釋迦牟尼佛是第七位，然而就此賢劫授記出現的千佛來說，釋迦牟尼佛是第四位，有三位你可說是「多出來的」。

學生：您是說雖然有千佛授記在此劫出世，但有可能會有兩千佛嗎？

仁波切：我無法擔保會有兩千佛，但是到目前我們已經有額外的三位佛出現，而且將來也會有更多額外的佛。

學生：關於金剛乘將不會再被傳授的說法，我聽說第一千位佛也將教授金剛乘，不知我的記憶是否正確？

仁波切：賢劫的最後一位佛，樓至佛(Rochana)，將會傳授密咒，但是不會像釋迦牟尼佛所教授的那樣的廣傳與長久，他不會像我們現在佛的教法那樣盛大流傳。所謂其他佛將不教授金剛乘，意思是說他們不會像釋迦牟尼佛那樣，令金剛乘在他教法的大部分時期廣為流傳，但不表示說，即使對少數的人，他們也絕不會教金剛乘，這就好像說譬如我不會講英文，但不意味我多少能在這兒一個字，那兒一個字的發著音。

學生：在大劫(mahakalpa)結束時，六道消失了，輪迴實際上消失了，而且一切都不見了。在這些週期內神識會發生什麼事？而一個新的系統，新的劫將如何依有情的福德開始呢？

仁波切：我問你一個問題，當一個美國人死亡時，美國是否會變得全然無人居住？人們問這個問題的理由是，因為他們認為存在的一切事物都被毀滅了，因此沒有一個環境讓輪迴繼續。即使在論藏中說，大千世界中的任何一個系統生成、安住、毀壞，然後完全滅盡，仍然有幾乎無數個的大千世界體系存在。基於這個理由，一個世界的毀滅，並不意味輪迴停止了，輪迴只是在其他的地方繼續。

現在先回答你的第二個問題。構成這些體系之一的生成條件——另一大劫的開始——正如你問題中指出，是即將住在那一世界系統中有情眾生的共業，然而依據那將是光明劫或黑暗劫，而會有稍微不同的認知。如果是光明劫，那麼，基本上是功德與善業（尤其是導致那些眾生解脫的種子或傾向），以及在那一劫會出現的佛的慈悲，是這一些使得光明劫生成；而黑暗劫的情況，則是由於眾生相當負面的業力，他們在那時期缺乏解脫的成熟種子或傾向，也只有那些眾生會生在那系統中。

回答你的第一個問題，存在於某一大千世界的有情眾生，當那系統毀壞時，他們的神識會怎麼樣？如果他們在道上的修持充分的話，他們就會投生淨土，否則他們將會投生他處，轉生另一個輪迴的環境中。譬如尚存有投生下三道業因的那些眾生，就會投生到另一個大千世界的下三道中。

第三首道歌

思維無常與業報因果

無常的人生與輪迴的悲傷

任何事物，都不會永久存在

縱喚嗚乎哀哉或唉呀！外器世間終為水火滅，
年歲無常全年次第逝，月分四季冷暖地色變，
太陽昇落時刻須臾逝，世間有情生老病與死，

第三首道歌一開始就提到無常。第一偈的感嘆詞：「嗚乎！哀哉！唉呀！(Kyema! Kyiha! Atsama!)」是表達悲傷的不同說法，點出了此首道歌的主題——輪迴的悲傷。即使是我們認為最長久存在的事物，也沒有任何一物能永遠存在。這世界的環境有朝一日終將為水、火或風所毀壞，即使是時間，它也是無常的，年復一年的流逝，任何單位的時間，甚至是我們認為相當長的，譬如一年，也不會永久存在。

不論時間的長短，它都會消逝，沒有人能夠阻擋這一切，這就是時間的本質。四季改變，季節變遷，轉暖然後變冷，地上的顏色也同樣在變化。四季循環，是相似的重現，不是真正同一時間的重複發生，沒有一物能重複自身，每一件事只不過是週期性或相似性的一再重複而已。簡單來說，無常是諸法的本質，也是時間的本質。

住於此器世間的有情，總是會經歷生、老、病與死，發生在每一眾生生命中的這四大痛苦，不是我們能控制的，而且我們也無法倖免。驅策這些的動力是我們的業，我們從前的行為，我們無法停止生、老、病、死這個過程，我們無法阻止而讓它停留在任何一點或階段過程中。

▌聚合最後仍將分離▐

無常變化猶如水漣漪，器物所成一切有為法，
無一能夠恆常住於世，生必死亡建設終傾倒，
盛必衰敗積聚終耗損，聚必分離無法可遮止，

無常的變化就像水上的波紋。當風拂過水面，表面會產生波浪或波紋，一個接一個，不會靜止。波浪移動著，另一波浪緊隨前一波浪又再產生。事實上，任何有實質的事物與實質的合成體不可能常存；不同物質元素組成的任何事物也無法存在不變，這是說它們不僅不會永恆存在，而且在任何時刻也絕不會維持真正的停止。事實上，任何存在的事物有朝一日終將毀壞，因此，有生必有死。書上闡明了出生終必死亡、建設終必毀壞、強盛終必衰敗、積聚終必耗竭、聚合終必分離，這是無法避免的。

為什麼「生終必死、建設終必毀壞、興盛終必衰敗、積聚終必耗竭，以及聚合終必離散」的理由，是因為任何這些過程的真正開始——一件事的真正形成，也就是它毀滅過程的開始。我們所謂某件事的毀滅或結束，不過是它在形成時本就具有的毀壞過程的最高點。

生命終有結束的一天

圓滿佛陀緣覺與羅漢，已得殊勝共通成就者，
所有終須棄捨此身軀，何方有誰較彼更超勝？

從佛法的觀點，佛陀是最具影響力、最莊嚴、達到最大自由者。噶瑪恰美仁波切說，即使是圓滿正覺的釋迦牟尼佛，甚至阿羅漢、緣覺，以及證得共不共成就的聖者，最終都得捨棄他們的幻軀而入涅槃。如果是這樣，誰能比他們更幸運呢？如果即使佛陀和證悟者都必須捨棄肉身，接受死亡，那麼很顯然地，無人能倖免。

梵天帝釋以及轉輪王，半洲之王印藏蒙等地，
諸大君主命終亦須死，少福凡夫確定終將亡，

想想世間最強有力的眾生，例如梵天、帝釋、轉輪王，那些一洲或半洲的統治者，或者是此世間如漢、藏、印的君王與統治者，如果這些強者最終也會死亡，那麼，像我們這些平凡、無足輕重的人們確定會死，這有什麼可懷疑的呢？

疾疫四百障礙八千種，壽命禍害其數無窮盡，

此如風中油燈何時滅？

導致死亡的原因非常多，書上說，有四百種疾病，這只是一個概括的總稱，疾病種類之多是無法計數的，此處說，八千種障礙，這是因為無法將八萬押韻放入偈頌的緣故，但這不是問題，書上說有無以計數的障礙等等會導致死亡。簡單來說，會傷害我們性命以及生命力，並且能導致死亡的事情，數也數不清。的確，我們的生命宛如風中的油燈般脆弱。

猶如引領死囚至刑場，年月日時漸逝命終近，
值遇閻羅死主何時至？

我們是否會死亡，這不是個問題，問題只是我們何時會死。從這觀點來看，我們一生中，就好像死囚正被帶往刑場，當歲月一年年、一月月的流逝，我們越來越接近死亡。

在出生時我們就被宣判了死刑，因為出生就是死亡的開始，是走向刑場旅程的起點。我們必須要問自己：「我何時會遇見死後審判我的閻羅王呢？」毫無疑問地你一定會遇見，問題只是何時遇見而已。

病者藥護祈禱失效用，與彼乍遇之期何時至？
猶如西日落於山之巔，無可挽回之期何時至？

各種延長生命的方法，如醫藥、法事、儀軌、儀式，以及各種保護等，這些是有幫助的，但有朝一日一切都會失效。那一日何時到來呢？你必須問問自己，當日落西山時，無人能阻止，而且我們都知道每一天太陽都會沉下山頭。我們的日落之時，我們的死亡，何時會發生呢？

身旁僕役雖眾無力引，獨身離去之日何時至？
家財雖富路資無力攜，空手離去之期何時至？

死時，我們無法攜帶任何人同行——我們的親友、所愛的人等等。獨行的日子何時到來呢？不曾有人在死亡時曾攜伴或者將攜伴同行，早晚我們必定要孤獨前行。不論我們多麼富有，都無法帶著財物，甚至帶走任何資財，包括我們的身體在內，也無法帶上路。我們雙手空空上路之日，何時會到來呢？

陌生之地迷失獨飄零，無主魂遊之期何時至？
病痛之苦雖劇無能分，悲慘獨受之期何時至？

雖然如此，假使我們真正知道要去的地方，如果那是我們從前去過而且還記得的地方，那麼情況會好一些；但是，相反地，我們要去一個完全陌生的地方，而且我們沒有半點自主與控制能力。我們受業力的驅使，就像一張紙或一根羽毛，隨風飄盪，臨終時，我們會受極大的痛苦，顯然最痛苦的疾病是臨終的病苦，因為那是身與心分離的過程，你無法請他人分擔那種痛苦，無法將病苦分給親友。

透過生前的努力，不畏懼死亡到來

消融次第顯增明不識，無能為力之期何時至？
聲光芒三寂忿尊現起，猶如要犯為軍眾所圍，
驚恐顯相之期何時至？

此處的重點不是要讓你哀泣，而是要提醒你，這必定將發生在你我的身上，既然一定會發生，當你有機會做準備時，就應該盡自己最大的努力，以身、語、意來長養德行。臨終的時候，相對於命氣與身心結合體的消融程序，會有不同階段的顯相發生。這些顯相是顯(appearance）、增(increase）、得(attainment）及明光(luminosity)或淨光(clear light)，每一位臨終者都會經歷這些，但是因為我們沒有為認知它們預做準備，我們無法認出它們來。由於認不出，我們便完全迷失了。

構成解脫機會的這些顯相結束或消失時，我們不知如何是好，想一想，下一步會發生什麼事！死後，你會經驗到非常巨大的聲響，十分奪目的亮光，非常刺眼的光芒，以及寂靜尊與忿怒尊的顯相。這些本尊的顯現是因為他們是本具在你身內的，當你的心與身分離時，他們離開你的身體，而顯現在你的前方。不幸的是，因為認不出那是我們的俱生本尊，我們會認為那是攻擊者，因此逃離他們，彷彿罪犯逃避軍警的追捕一般，這一切是非常恐怖的。此種情景什麼時候會發生呢？

怖畏閻王差役來拘提，俱生鬼神述說善惡業，

狡辯無益明鏡纖縷現，怨悔造業之期何時至？

最終你被閻羅王的差役拘提，這些差役比任何你見過或想像的更恐怖駭人，閻羅王與其差役其實都是你自己業力的展現，當他們現出威脅或令人恐怖的模樣時，譬如坐著審判你的閻羅王，那是你自己惡業的顯現。恐怖的差役領你到大審判者閻羅王面前，然後你俱生的神與魔對他詳述你所做過的一切行為，神是你的辯護者，他宣說你的一切善行；而魔是你的起訴者，他會訴說你所做過的一切惡業。在敘說惡行時，閻羅王會顯得越來越憤怒。

閻羅王的憤怒是你自己惡業的展現。你可能嘗試想辯解或撒謊，但這是不可能的，因為閻羅王手持一面鏡子，能夠確實看到這一切，還有一本冊子，能真正讀到這一切。你是無路可逃的！你深深悔恨一切所作的過錯那一天，何時會到來呢？

欲求善業無處可買借，閻羅死主為判善與惡，
彼時無悔現若不修行，自欺欺人糊塗且懦弱。

在那時，你將希望自己曾經做過更多的善行，你也想要快速得到一些善業，但是無處能買、借貸，甚至乞求些許的善業。屆時閻羅王會計算你善、惡業的最終結果，並且命令你去投生。事實上，是你自己的業力驅策你去投生，但是你經驗到的彷彿是閻羅王對你下了判決，他可能會說：「往上三道去」，或是「去淨土」，或者他可能很憤怒地下令將你帶往地獄。

如果你現在不好好做準備，以便死亡時不至於後悔，你無異是失去了理性，而且是無可比擬的自我毀滅。最嚴重的自我欺騙與自我毀滅，莫過於不曾準備去面對閻羅王。你可能會問：「那麼，這能有多糟呢？他最壞能對我怎麼樣呢？他能送我去最壞的地方又是那裡呢？」

輪迴於六道是痛苦的

此生難忍火花觸其身，地獄火熱七倍於凡火，
求死不得長劫遭焚煮，試問彼時汝將如何處？

我們以大家熟悉的身體感覺，來了解一下輪迴的痛苦有多嚴重。如果你現在連一點火花觸及皮膚都不能忍受的話，那麼，當你深陷在比人間大火還要炙熱七倍的地獄之火時，你要如何是好？事實上，地獄之火是更糟的，它有許多不同程度的變化，此處噶瑪恰美仁波切只是簡要的說，因此我們還是保留它為七倍。在地獄裡，你置身烈火中，在焚燒的地面以及充滿熔鐵汁的鍋內被浸沒、燒灼、煎炸與烹煮，千萬億劫都無法死亡。試問，那時你要怎麼辦？知道這是會發生的，你對此的感覺如何呢？

寒冬一日薄衣不能忍，長劫無衣黏貼於冰管，
求死不得試問如何處？

冬天假使沒有足夠保暖的衣物，我們一天都受不了稍冷的感覺，想像你赤身裸體地被拋到或被塞入冰雪中，與可怕嚴酷的冰凍環境下，千萬億劫卻無法死亡，如果發生這種情形，你又該怎麼辦呢？

今時守護斷食頭暈眩，千年耳邊不聞飲食名，
然而求死不得似如何？

倘若受持八關齋戒，必須禁語、斷食一日夜，我們因飢渴而頭昏眼花，那麼，如果要我們千萬年又千萬年的忍受著難以想像的飢渴，卻連食物與飲料的名稱都不曾聽聞，更不用說有點滴食物可吃喝，而在那千萬年復千萬年的期間，無法一死，我們要怎麼辦呢？這是餓鬼的經驗，那會像什麼呢？

今時人喚老狗刀相向，若真取為狗身似如何？

「人喚老狗刀相向」，這是噶瑪恰美仁波切撰寫此書時，在東藏社會情況的例子。「老狗」是東藏人民可能使用的污衊字眼之一，而伸手拔刀是對這類侮辱的正常反應。

重點是，假如有人甚至只是比喻性的稱你是畜生，如此大的侮辱，幾乎比任何其他的侮辱都更令你憤怒。試想，如果你真正生而為狗，具狗身、狗命，你又該怎麼辦呢？

今時處敵軍中猶可逃，若生修羅域界似如何？
今時座位低下惱怒生，天身下墮之苦極難忍，
三惡趣中痛苦無法忍，天人之樂無常變易大，

生老病死猶如水波紋。

在戰爭時，偶而還有逃離或受保護的可能，但若生為阿修羅，是沒有辦法逃離戰役的。戰爭完全籠罩並且吞噬了阿修羅道，阿修羅無法逃避爭鬥的痛苦，會被殺傷、被殺死。目前，假使你在任何情況下被降級，像是你的社會地位被降低，或從最前面被換到後面一排，或下一排的位置等等，這些實在是令人難堪，又極度羞辱痛苦的。而天人從天道下墜到下一生的痛苦，比那還更難以忍受。

下三道的痛苦經驗是令人無法忍受的，沒有絲毫快樂可言。你可能認為相較之下，人道與天道算是相當不錯的，但不幸的是，人道與天道的快樂無常且不穩定，輪迴中任何形式的生命——生、老、病、死，就像水面的漣漪，一個接一個的發生：如果出生了，老、病與死必定會接踵而來。

▌皈依三寶，可從輪迴得到解脫▐

輪迴苦痛廣闊深無底，無邊無解脫時之恐怖，
於此畏故於惡如避毒，於此利故正法如服藥，
於此護佑三寶依如師。

因此，輪迴的痛苦像汪洋般廣闊無邊，其深度與強度似乎是無止盡的，並且恐怖萬分，因為輪迴自身永無止期。大部分我們認為可怕的事，例如跳入火中等等，雖然可怕，但至少是暫時的，如果你跳進火裡，你會死亡，但那就是結束，輪迴不像一場火而已，它永無止盡，除非你跳脫輪迴，得到解脫，否則它是持續不斷的。

由於畏懼輪迴的痛苦，應該避免造作惡業，如同我們避開毒藥，不食用有毒之物般的小心，因為我們知道那會招致死亡。真正的毒藥最糟的情況是毒死你，它不會把你送入下三道或地獄，但是惡業卻能把你送進三惡道去。密勒日巴尊者被下毒而結束了生命，但那並未令他墮入惡道。我們必須依止正法如同依賴醫藥一般，當我們相信醫藥能治癒我們時，我們便會全心全意地服用。

佛法勝過任何世間的醫藥，藥物最多只能延長你的生命，佛法事實上能夠完全並究竟地讓你解脫、出離輪迴。接受三寶作為你皈依處的守護者，佛、法、僧是你唯一的保護者，認知這一點，為了要從輪迴中得到解脫，應該信賴三寶、向他們祈請、培養對他們的虔敬心；視他們為福田以積聚福德，並且依止他們如同本尊及皈依處。

把握難得人身修習正法

▌六道輪迴中，人身稀少又難得▐

我們已經討論了輪迴的缺失、業果、六道強烈與持久的痛苦，以及三寶如何是唯一永久的皈依處。這首道歌的後半段在比較畜生與下三道時，著重於人身的難得。它的論點是，人的數量遠少於畜生，而畜生又遠少於餓鬼，餓鬼更遠少於地獄眾生。每一次討論到這題目時，總是會提到這觀念，但是你可能會質疑這是否為真實，因為你自己無法親見這事情。為了回答此問題，這一段道歌便用你能觀察到的事情來做比較。

此處所說義理若未曉，直接觀照此等現行事，
縱彼大王力能召其軍，大軍之數難逾十萬眾，
縱彼百姓已獲人之身，其數能逾百萬實稀有。

如果你不了解剛才的解釋或者你不一定相信，請看這些例子，那些證據是你可以觀察到的。這整段的內容是架構在噶瑪恰美仁波切撰寫此文的時間與地點，在當時，君王是小地區的統治者，說明了文中所提到的軍隊數目，但是這不會推翻論點的有效性，即使一位有大權力的君王要召集軍隊，也不容易集合百萬名以上的兵士。

盛夏每一山邊之蟻數，超過國王統轄之子民，
即便任一蟻窩之蟲蟻，多過國王大軍之數量，

應觀獲得人身本難否！

如果你思量一下，任何一位君王的所有臣民總數，要超過百萬以上是很稀有的，但是如果你試著去計算夏天山腰上昆蟲的數目，你將無法全部數清，因為它們遠比那位君王統治的全國人民來得多很多。理由是只有相當少數的眾生能積聚投生為人的福德，與其他的業因，有更多的眾生累積了導致他們投生為畜生、餓鬼，或於地獄的業因，因此下三道有更多的眾生。

畜生的數量是難以計數的。譬如，任何一個人的身上具有數也數不清的微生物，這些微生物被認為是畜生道中的眾生。基於此，不論在任何一個地方有多少的人，總是會有更多的畜生，雖然我們無法直接觀察到，但是餓鬼比畜生更多，而且地獄眾生比餓鬼多得更多等等。同樣的，餓鬼道眾生的壽命是人壽的數千年，地獄眾生則為許多劫，當然，畜生的壽命差異非常大，但人的壽命卻非常的短暫。

你見到的任何一群動物，包括昆蟲等，其數量遠超過一整個國家人民的數目。舉例說，一個蟻窩內螞蟻的數量就會比該國人民的數量還多，更不用說蟻丘的數量遠超過國家的數量。地球上國家的數目並非不可數，我不知道共有多少個國家，可能在數百個左右，地球上蟻丘的數量肯定是超過國家總數的。假使你懷疑投生為人真有那麼困難嗎？答案就在此，請看看這些說明。

這首道歌的下一段以類似的推論，利用你能夠觀察到的事物來回答下面的問題。「行為真的有果報嗎？」以及「這整個業力的觀念是真實的嗎？」

因果業力，是真實不虛的

父母賢愚相等之手足，或為富貴或為貧且困，
或為壽短多病多苦難，或為病少長壽且安樂。

由於兄弟姐妹出自相同的父母，父母都是一樣、沒有強弱之分；換句話說，手足之間的差異不能歸咎於遺傳。看看兄弟姐妹彼此的境況：有些十分富裕，有些貧窮又困頓；有些壽命短促多病痛，有些少病、長壽、諸事皆順遂。

於諸同獲寶貴人身者，或為權貴或為微且賤，
或為富裕或為飢又乏，非關賢愚亦非關善巧，
應觀前世業果本真否！

他們同樣生而為人，同樣獲有寶貴人身的機會，然而在幾乎相似的狀況下，卻有如此不同的際遇。有些人擁有大權勢，有些人卻十分軟弱卑微；有些人富裕豐足，有些人卻飢餓匱乏；情形並不純粹是那些境況較佳的人比較強勢，或是比較聰明伶俐。基本上，你可以觀察一群能力相同的人，他們過著非常不一樣的生活，有些人很成功，有些人卻失敗了，這是因為他們過去世的行為所產生的結果。假如你懷疑行為是否會有果報，看看這些人吧！看這些境況相同，際遇卻不一樣的人們。

認清人生難免一死，要勤修持

世界始成直至今之人，雖懼生死然無法倖免，
尚無一人脫死而住世。

至於無常，尤其是關於死亡，從此劫的開始到現今，不曾有人真正願意死，每一個人都不喜歡死亡的想法，但是沒有人曾經成功地逃脫死亡。如果不曾有人成功的逃避死亡，為什麼你認為你將可以倖免一死呢？

計數己之熟識作古者，去年歿者或者今年亡，
己較彼等無任何稍勝。

想想看，所有你認識而已經過世的人，計算一下這一生中，所有你認識卻已經去世的人，想想所有去年過世，以及今年過世的人，你和他們之中任一個人沒有兩樣，你不具有任何神奇的特質或驚人的祕密是他們所沒有的。

雖知必死彼時需正法，雖皆知此自欺有餘暇。

當然，每一個人都知道這一點。我們全都知道終有一天將會死亡，但只是知道這一點，與清清楚楚地將它牢記在心，並且為此作準備，這兩者是有差別的。只是知道你將會死亡是不夠的，你必須記住，你將需要佛法，尤其是在臨終時刻。當然，每一個人也都知道我們將死亡，而且也知道當我們死亡時，我們將需要大量累積的善業等等，問題是，我們被還有時間的這個想法所欺騙，認為我們不會是現在，我們以為有充分的時間來慢慢準備。

彼時人壽四十已老朽，與己等年或更年少者，
心中思維眾多皆已亡，思己屆齡然仍未死亡。

傳說地球的歷史上曾有過黃金時期，那時候人類活得非常、非常的長久，可是我們現在並不是生活在那個時期。根據噶瑪恰美仁波切所說，我們生活在一個人壽大約是四十年並且還在減短的時期，這在他撰寫此書時是真實的。你可能會說，現在這不一定是正確的，因為許多人都活到七、八十歲，然而想想看，所有你知道比你現在年輕卻已死亡的人，或者與你現在同年齡卻已過世的人。由於你自己過往所累積的福德，你可能比你知道的其他人活得長久，但沒有理由認定你就可以活得很高齡、很長壽。當你仔細思索這件事，應該就會非常驚嘆：你竟然還活著！

降敵護友成家造惡業，願望未遂閻王攜領去，
己亦如彼應當修正法。

我們一生大部分時間所做的事，充其量都是無意義的，我們試圖與他人競爭（原書上所說的原意為制服敵人），並且試著保護親朋好友與所愛的人。簡單來說，我們身、語、意所造作的絕大部分都是不善業，而在這些活動中，當我們尚未真正的準備好，有一天我們就被死亡之主帶走了。

這不是聳人聽聞或神異之事，它只是說，當死亡來臨時，你無法阻止，就好像你被一位比你還要強壯的人架走一般。如果你想想所有你知道的人，當他們的事業正到達巔峰時，卻突然驟逝，擋也擋不住，要記住，你與他們並沒有什麼不同。記住這一點，修持正法吧！

所有這些死亡的無情說法，重點不是讓你毫無理由的感到悲傷。更恰當的說，是讓你感受哀傷的同時，激勵你去修持正法，使你了解現在就應修持，而不是等待以後！

不思法者趨入於法道，已入法者達究竟方便，
心中憶念死亡最殊勝。

憶念死亡，我們的傳承稱之為「駕馭無常的鞭子」，它能真正讓你修持正法，它能鞭策你修行，也能在你一旦開始修行後，激勵你持續地修行。它驅策你不斷地修行，直到你達到修行的終點，並且圓滿它。因此，心中憶念死亡是最甚深的正法，因為它使正法的深義產生功用。

用歡喜心，感謝活著的每一天

設若死亡未能掛於心，雖修正法僅能利此生，
是故每日三思維死亡，掛於心中憶念是深法。

如果在心裡沒有真實的憶念死亡，即使修行，也會淪為僅是改善此生際遇，達成某種名望的方法而已。簡單說，假如不把死亡牢記心中，你修行的動機將不會是純正的。

每日強烈的思維死亡三次，直到它真正的深入你的心，這是最深奧的佛法。當你早晨一醒來，立刻思維：「哇！我還活著，多麼令人驚奇啊！今天我將盡我最大的努力來修行」；在日間，你提醒自己這個決心；晚上入睡前，你思維著：「嗯！我今天並未死亡，誰知道呢？或許我夜裡就會死，但是假使我明天還活著，我將善用機會來修行。」以那種歡喜的心態入睡，如此的重視死亡——甚至在儀軌中我們都能找到這類的偈子：「請賜予加持，使我心中能憶念死亡」——因為如此我們能真正的追求法道並證得佛果。正是這樣的思維死亡能使你繼續修行，帶領你到達法道的終點。

此為思維無常因果之第三首道歌！

思維無常和行為果報的第三首道歌結束。

問與答

學生：我很好奇四種思維的結果是否為情感與理性的了解，也就是說，無常那一段的開始是藏文哀傷的感嘆，引發出離的情感。然而，在善用人身難得的那一段，偈頌似乎是歡喜快活的。我不知道是否思維這些想法的結果是快樂的，它能導致修行與出離，而悲傷引導出離與修行。

仁波切：這兩首歌開首的字能引起歡喜（第二首道歌）與哀傷（第三首道歌）的原因，是思維這些論題的用意，就是要引發那些真正的作用。思維人身難得與寶貴，應該有些許歡喜快活或熱情，因為你知道你擁有極為稀有的機會能證得佛果。在下一首道歌，提到無常與業報，提醒你如果不善用這稀有難得的機會，將會是悲慘的浪費，你將不可能再獲此人身，並且會墮入下三道，尤其當你發現到，擁有這機會的大部分人都不曾善用它的時候，這時應該會令你感受到些許的哀傷與警惕。

學生：通常在四加行也有輪迴過患的思維，那與噶瑪恰美仁波切在此處對無常與業報的說法類似嗎？

仁波切：在此書中，四種思維並不劃分成四首道歌。第二首道歌提出四種思維中的第一種，而在第三首道歌，基本上包括了第二、第三與第四首的思維。

學生：在死亡後，認知基淨光並且維持在當中，它是修持淨光的

行者，禪修淨光明的人的目的嗎？那是一種準備嗎？

翻譯：你所謂禪修淨光明是指什麼？你的意思是「那洛六法」或其他什麼呢？

學生：我聽過大司徒仁波切提到修持淨光明的行者，他們在淨光中作夢，在淨光中禪修。大約是那樣，雖然我個人對那並不熟悉。

仁波切：淨光的修持，在某種程度上，是為了在死亡時能認知基淨光（基光明）的準備。當然，「觀」(lhaktong)的修持也一樣能做如此的準備，如果有人接受過「觀」的指引，即使沒有決定性的認知或了悟，然而如果他們與它建立了聯繫，並且有修習的習慣，那麼，他們仍然有可能認知基光明。真正證悟「觀」的人，在死亡時絕對可以認出基光明，因為他們在禪修時已經體驗到基光明，當死亡時刻基光明現起時，他們自然會認出，就不會再經歷中陰的過程。

即使一個人沒有真正證悟「觀」，但若曾經接受過指引的教授，而且在生前曾盡力的去熟習它，仍然有可能在死時認出基光明，因為那就像有些人雖不曾見過某個人，但聽過許多關於那個人的事一樣，譬如，他們常聽說有這麼一個人，長得就像那樣，結果當他們真正見到那個人時，就能認出他來。

學生：書上說，如果你對一項行為感到很懺悔，就比較容易清淨

它。當一個人很傲慢，認為他們可以處理時，困難就來了。要清淨一個負面的行為，需要正式的懺悔來支持，或只要深深的感到懺悔就足夠了呢？

仁波切：為了要能清淨惡業，必須包括四力懺悔，而懺悔是四力之一。對所造作的行為沒有懺悔，清淨就不可能產生。然而，光是懺悔是不夠的；還必須對所作行為強烈地懺悔，有個證人或依靠，修持一些法門作為對治法或修補，以及永不再犯的決心。如果這四者都具足，罪障即能淨治。至於懺悔，你必須認清行為後果的嚴重性。如果你認為「或許這還不太壞，或許那不太有關係」，那麼，就不可能清淨罪障。

學生：如果我們要「思諸法如夢」，或真實如夢，二元的夢或真實的夢的開始是什麼呢？

仁波切：我想在我們入睡並開始做夢時，我們會變得越來越投入夢中，越來越相信夢中的顯相是真實的。此刻我們完全確信是真實的。

二 四不共加行

第四首道歌

觀修次第

四不共加行的義理

透過無常與因果的思維，可以了解到輪迴的真相，看到輪迴是無法信賴的，你不能依靠輪迴，因為它不穩固、無常，而且沒有意義，這就是轉心出離輪迴的用意。轉心出離輪迴也同時意味著轉心趨向解脫，因為要證得解脫果位前，必須先認清輪迴是無可信賴的，於是便能生起追求純正善行的熱忱，認識這一點是很重要的。下一首道歌開始正行的教示。

誒瑪於此教法之主體，各自具有意義與禪境，
首先應於意義先瞭解，次於禪境盡力而觀修。

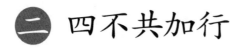

第四首道歌，首先提到的主要修持，包括我們通常稱為不共前行的禪修。這包含兩方面：首先討論這些法的義理，譬如，為什麼修這些法，還有它們的目的是什麼？接著，法本描述了真正的禪修本身。此處的邏輯是，先了解這些法的功用，然後盡你的力量，努力去修持。

皈依、發菩提心

輪迴苦痛無他能庇護，轉心向於真實之三寶，

這個偈言說明接受皈依戒的理由，同時也將皈依作為修持的理由。世界上沒有任何一個凡夫比三寶更能保護你免於遭受輪迴的痛苦，因此你能信賴與依靠的唯一皈依對象，就是三寶。由於他們是正確無誤的，他們不會令你失望，這是為什麼皈依是法道的第一步。

經教佛陀正法聖僧眾，密續上師本尊與空行，
究竟即為上師身語意，虔信尊為遍知即皈依。

在經教顯乘的傳承中，三寶是佛、法、僧；而在密續傳承裡，則更有上師、本尊與空行。究竟上，他們總攝於上師一身，上師的「身」是僧伽，上師的「語」是法，而上師的「意」是佛，上師也含括了本尊與空行。皈依就是自己完全依止三寶，依止上師，完全依止的意義是思維著「您是遍知的，您知道什麼對我是最好的。」這種完全信任與依止的態度，以那洛巴尊者最具代表。他完成了上師吩咐他做的每一件事，包括跳入火中，從高樓上躍下等等，這種完全的信任與堅定不移的依止，引致那洛巴的證悟，使得帝洛巴的證悟能傳給那洛巴，若能以這種方式來做皈依，才會是整個修道的開始。

自身證得佛果未為足，一切有情皆具恩父母，
應全置彼佛陀之果位，發心廣大即生佛陀種。

僅是個人成佛是不夠的，因為所有其他的眾生仍然在受苦，只求個人成就佛果，之所以無法被接受的原因是：因為所有的眾生都曾經當過我們的父母，他們與你一樣都渴望得到幸福，然而我們都不知道如何獲得快樂。雖然我們都希望快樂，沒有人想要受苦，可是因為我們不知該如何獲得幸福，或如何令自己快樂，反而造作了大量的痛苦。認知這一點，並且下定決心發願：「我將帶領一切眾生達到永恆、圓滿安樂的佛果位」，這就是生起菩提心，希望安置一切眾生於圓滿的覺醒。

平時，如果你所做的每一善行，包括修法與其他各種的善業，出發點都是為了饒益他人而做的話，那麼菩提心就更為廣大。如此，你所有的善行與修持動機都是希望能證得覺醒，能夠使所有眾生都達到相同的境地，這種廣大菩提心的動機，便是覺醒或是佛果的種子。

自身欲證圓滿之佛果，佛陀眾生二者具恩等，
若不修持六波羅蜜多，無法證得圓滿之佛果。

還有，另一個需要考慮到的理由是「眾生的恩德」。從我們的觀點來看，要成就佛果，眾生與佛陀都是必要的。就某種意義來說，可以說眾生的恩德與佛陀的恩德相同，原因是，要證得佛果位，唯一的方法是先生起菩提心，接著修持六波羅蜜多，不如此做，就無法證得圓滿覺醒，有眾生作為我們「修持對境」的基礎時，你才可能修持六波羅蜜多。

布施對境貧困有情眾，慈心觀境苦難諸有情，
以害報善一切敵障者，忍辱觀依菩提增上緣。

六度波羅蜜多之首，是「布施」度。一般你只會布施東西給需要它們的人，例如貧困的眾生。你必須培養慈悲心成為六波羅蜜多的一部分，對受苦的眾生，你會生起慈悲心。你也只可能對受苦的眾生生起慈悲心，你不可能對佛陀生起慈悲心，因為佛陀並未受苦。

因此，當慈悲心達到完全無私的境界時，如果有人以怨恨或傷害來回報你的善意，你也不會生氣。通常我們將傷害我們的人視為敵人，並且把傷害我們的非人認做魔障。如果面對這種狀況，能夠修持忍辱，則六度波羅蜜的第三忍辱波羅蜜，就成了證得佛果的一種方法。你只有可能在有事情時令你憤怒，或有人不當地對待你、辱罵你時，才可能修習忍辱的課題。基於這種理由，甚至那些對你最惡劣的眾生，也是你逆增上緣的朋友，因為他們正在幫助你達成覺醒。

如是了知無別無偏私，發起獨力引導諸眾生，
直至成佛善念之心力，此為發菩提心之深法。

如果你了解這一點，那麼就應盡自己的力量，無有例外地，決心去幫助所有眾生，達到佛果的境地。「一切有情無別無偏私」強調這句話的理由是：對某些眾生的幸福，我們都會感到慈悲與關懷，但卻僅限於某些特定的對象。舉例說，我們或許對人類有慈悲心，但卻不會對動物或我們看不見的眾生發起慈悲，或者我們可能僅對某一種文化的人感到慈悲。然而，慈悲心必須要擴展到對一切有情無有例外，當你生起這種勇氣或決心時，這就是所謂發起菩提心的深法。

懺悔罪障

不懺過患雖小轉深重，隨日流逝利息轉增長，
至心懺悔無過不能淨，猶似以水能滌諸垢染。

為了能真正證得究竟利益他人的覺醒，必須清淨自己的障礙、罪業。基於這個原因，在皈依與發菩提心之後的主題，就是修持清淨障礙的必要性。如同我先前提到，我們累積了如此多的惡業，倘若僅只是去感受其果報與作用，惡業將無法消盡。假使我們只是坐等業果成熟，並且希望業力能耗盡，我們是永遠達不到終點的。業果是真實不虛的，因為即使是微細的惡行，都會產生巨大的作用，如果惡業不懺悔，行為的印痕，確實會如滾雪球般的與時俱增。也就是說，即使是未懺悔的微小惡業，都是很嚴重的。

隨著每日逝去，惡業會累積利息。

如果你發自內心真誠地懺悔你的惡行，沒有任何行為是不能被懺悔清淨的。我們通常說惡行的唯一好處是：「它的痕跡能被淨除」。就好比如果有清淨的水，你就可以真正洗滌污穢的衣物一般。

宿業罪障宛如劇毒液，發露懺悔罪障易清淨，
思己能之則我慢難淨。

要完全且有效地懺悔罪障，必須具備所謂「四力」的四種要素。

第一，懊悔力(power of regret)**：**

或稱拔除力，也就是你對自己所造的惡業，真正感到懊悔。此處的懊悔，表示一種態度，就好像是發現自己剛剛吃了或喝了一些有毒會致死的食物那種感覺，你會希望這一切不曾發生，也的確後悔吃了那些食物。這種強烈懊悔的態度，以及承認該行為是真正禍害的來源，就能使懺悔淨障更加容易。

重要的是，不要有「我可以應付這行為的後果，那並不太糟。」的心態出現，如果你抱持著這種態度，認為「我可以對付，我可以處理」，那將使淨除罪障更加困難。

痛下誓願永不再重犯，若思造業無礙懺能免，

所犯罪業難淨佛宣說。

第二，決除力（或稱防護力、遮止力）(power of resolution)：

不論任何業行，誓願從此不再犯。如果有堅定的決心，懺悔便能導致清淨。但如果態度是「喲！那沒什麼大不了，如果再犯，只要再懺悔就可以淨除的。」那麼，永遠也無法清淨那惡業，因為我們從來不曾真正下定決心不再造作那些惡業。總言之，佛陀說：只要認為犯錯時，懺悔就能淨除業果，那就無法真正清淨惡業。

三寶總攝上師觀於頂，座前懺悔即稱依止力，
懺法雖多六字明最勝。

第三，依止力(power of reliance)：

第三項必須具備的要素是懺悔時的見證。此處建議觀想你的根本上師在自己頭頂上，並且思維上師總攝所有的皈依處，集諸佛、菩薩與上師眾，為單一形體，而在所觀想的根本上師前懺悔。

第四，對治力(power of remedy)：

或稱對治現行力(power of remedial action)。我們必須要有方法來對治惡業，曾教導過的方法有許多種，例如金剛薩埵百字明、持誦經典、觀修空性等等，任何一種都可以採用。噶瑪恰美仁波切建議持誦六字大明咒「嗡嘛尼唄美吽」(OM MANI PADME HUNG)，這個咒語非常深邃，可以導致清淨。它本身具有清淨的潛力，因此建議採用此咒語。以上結束了此段有關義理與清淨罪障的修持。

獻曼達

任何資糧積聚皆盡力，易行功德大者獻曼達。

以各種可能的方式，盡力積聚福德與智慧的資糧很重要。有許多方法可以做到，例如，七支供養、實際做布施供養、捐獻等等。其中，最容易做到，而且能夠事半功倍，積聚最多福德的，就是獻曼達。它代表了將世界觀想為中央須彌山與周圍四大洲的外、內、密供養，由於這是最容易且最殊勝的方法，因而在這裡推薦採用曼達供養。

上師相應法

十方諸佛菩薩成就者，其數無量無福不能遇，
賜予灌頂續教及口訣，上師恩德大於諸如來。

下一個主題是虔敬心的培養與上師相應法。宇宙各方位有無數的佛菩薩與成就者，我們由於福德、願力或善業不足，無法見到他們，但是我們已經遇見了我們的根本上師，上師實際賜予我們灌頂，為我們解說密續教法，並且傳授我們實際修持的口訣。

基於這個理由，對我們而言，根本上師比諸佛更具恩德，這是因為，雖然諸佛菩薩已出世，但我們卻仍然停留在輪迴之中，顯然他們尚未能把我們帶向解脫，而根本上師卻能夠做到這些，證據就是他給予我們灌頂、教導等等。不論上師的實際證量如何，他對我們的恩德遠大於所有其他的諸佛與菩薩。

即使上師是為凡夫身，敬為金剛總持而祈請，
覺受證悟功德生且增，說為諸佛如來之悲心，
是故觀修上師並祈請。

當然，如果上師是位究竟證悟者，那是最好的，但即使上師只是一位凡夫，如果視他為金剛總持，並深信這一點，以那樣的信念向他祈請，那麼將會得到金剛總持的加持，同時所有觀修的覺受與證悟、修道上的所有功德等，都將自然地在心中生起並增長。佛法有云：上師是一切諸佛慈悲所化現的人身相，是故應觀修上師，並且虔誠地向他祈請。

守護誓戒

入法門後得灌傳引導，倘不持守戒律與誓言，
猶如醫藥轉毒作毀損。

第四首道歌這一部分的最後一段，提到這些修持背後的義理，和有關法道上我們應該持守的誓約。當我們進入佛門，接受了灌頂、口傳與引導教授後，如果不持守所接受的誓言和三昧耶戒，它就會像良藥變成毒藥一樣，那將是個大災難。

當良藥變成毒藥時，事實上它將變得比原來要治療的疾病本身更糟糕。要避免這一點，你必須持守所受過的誓言與戒律。我們都希望能做到，問題是，有時我們不自覺或甚至記不得所有誓約。

不知誓戒細微難守護，若攝根要為一則能持。

只要你不清楚這些誓願的內容，就很難持守它，然而可以總攝這些誓言的每一個精要，為一個主要誓願，如果你能持守那個主要誓願，便能夠持守所有的誓言。

若能虔信三寶知應作，即攝全部皈依之戒律。

我們所受的第一個戒是皈依戒。了知皈依三寶後，我們應該要「知道哪些應該做，哪些不應做」，並且完全依止三寶，若對佛、法、僧維持虔敬確信的態度，那就包含了皈依戒的所有誓言。當然，它隱含著如果你沒有那樣完全地依止佛、法、僧，你就不是持守完整的皈依戒。

若不造作損他之惡行，即攝一切分別解脫戒。

接著，我們可能會受持依據律藏別解脫戒的道德戒律，不造作任何傷害其他有情眾生之業，就包含了別解脫戒的所有誓言，因為別解脫戒所有個別誓言的要點，就是要避免傷害其他的眾生。

一切善業迴向諸有情，且自竭力饒益他眾生，
即攝一切菩提薩埵戒。

將自己所有善業迴向給所有眾生的幸福，並且真正盡力幫助他人，就能持守菩薩戒的所有誓言。你不需要嘗試去做自己做不到的事，只要做自己能力所及的事情。

根本上師本尊無別觀，且於彼尊恆不起邪見，
即攝一切密咒三昧耶。

觀修自己的根本上師與本尊無二無別（因為他們的體性相同），而且對無分別的上師與本尊，絕不生起邪見，這樣就包含了密咒乘所有的三昧耶戒。

如是具足戒律三昧耶，上師加持本尊賜成就，
空行護法決定除障礙。

能夠如此持守所有的誓約與三昧耶戒，自然能獲得上師的加持，得到本尊賜予成就，並且肯定能得到空行、護法的幫助，去除各種障礙。

以上是第四首道歌的第一部分，解說「不共前行法」所應有的認識。在講解這些修行所必須了解的法義之後，這首道歌的後半段，開示什麼是真正需要觀修的。

四不共加行的觀修

皈依大禮拜

如是了知禪修之境相，自身頂輪蓮花月輪上，
具緣根傳上師與三寶，總攝為一觀為無量光。

構成此法門所有各部分的基礎觀想如下：在你的頭頂上，觀想一朵盛開的蓮花，蓮花上有月輪墊，上面安坐著你的根本上師，化現為阿彌陀佛形相。他總攝所有與你有緣的上師，包括所有的根本及傳承上師，甚至，只是和你結過緣的各個傳承上師，以及所有的佛、法、僧。此處，阿彌陀佛應觀為化身相，如同在阿彌陀佛教法中的形相。

任知長短皈依發心文，

在觀想所有皈依的對境都呈現為阿彌陀佛身相後，第一個修持法是皈依與發菩提心。可以採用任何所知道的儀軌，不論是長或短的皈依文都可以。簡短皈依文的一個例子是，觀音法門起首處，皈依發菩提心的單一偈頌。

獻曼達

己之色身財富暨善根，須彌四洲及各類珍寶，
緣彼獻供並誦曼達偈。

接著是獻曼達的修持。觀想供養自己的色身，以及自己所有的財富與善行——簡言之，所有屬於自己以及與自己有關的一切財富等，化現或轉化為宇宙的形狀，須彌山與四大洲、日、月、以及天、人所有的財富與珍寶。以這種形式將所有一切供養上師三寶，同時持誦曼達供養祈請文。你可以持誦三十七曼達供祈請文，或者僅是一個簡短偈頌的曼達供養文。

在此修持的順序中，「獻曼達」位於「清淨罪障」之前的理由，不同於大部分長軌的前行法，淨障在先，是因為此順序是依照「七支供養」的次序，供養在前，懺悔在後。

懺悔罪障

懊悔昔所造罪誦懺文，持誦六字所觀阿彌陀，
從身降下如乳甘露水，由梵穴入全身皆充滿，
宛如墨汁一切之罪障，由己下門及足心湧出，
滲入地底閻羅死主飲，飽足意滿償壽並贖命，
自身轉為無垢水晶體。

第三項修持是懺悔與淨障。對自己所有的惡業，以強烈懊悔的態度，持誦任何熟悉的懺悔文。此處懺悔的正行是持誦六字大明咒「嗡嘛尼唄美吽」，或許會覺得這有一點奇怪，「我觀想的是阿彌陀佛，不是觀世音菩薩，為何不持誦阿彌陀佛的咒語，卻持誦觀世音菩薩的咒語？或許是印錯了吧？」

其實這一點也不奇怪。阿彌陀佛與觀世音菩薩同一體性，在他人的經驗或認知上，他們只是外相上有不同的顯現，並非兩個不同的個體，不僅如此，此處所觀想的阿彌陀佛是所有上師、本尊、佛、法、僧的具體化現，自然包含了觀世音菩薩。

在修法的這一部分，「嗡嘛尼唄美吽」的咒語，被作為懺悔與清淨使用。思維經由虔敬的力量以及咒語的持誦，甘露從阿彌陀佛身體流出，像牛奶般，顏色非常的潔白，甘露由我們頭頂的梵穴流入體內，充滿全身，將所有的惡業、煩惱、習性，甚至構成這個不淨身的物質，如血、肉等，觀想成像焦油般的黑色浮渣，被沖刷出體外。

所有的惡業及煩惱等，從肛門與足心等處排出體外，流出後往下滲入地底，閻羅王正在那裡等待享用。我們使用閻羅王來代表自己所有的冤親債主，觀想這些骯髒如焦油般的汁液，從身體排出後，轉變為那些冤親債主所能感受到的甘露，當他們每一位領受了他們最渴望的甘露後，你償還了所積欠的一切宿債，他們心滿意足，不再有任何要傷害你的企圖。

這部分清淨罪障的觀想，可以去除減短壽命的違緣，也能贖命。此處贖命的概念，類似於為他人修庇護或除障的繁瑣儀式，不論那是上師或一般人，通常會製作一個替身食子，替代真正的自己，來給予冤親債主享用。當稱頌替身的功德，說它遠優於那個人本身時，希望冤親債主們取用替身，而不要去騷擾那個人。此處我們藉著觀修，以簡單的方式來做和贖命除障相同的事情。

經由這樣的淨障過程，所有的染污都將從身體排出，身體變成無垢水晶般的容器或瓶子。至於身形，仍然觀想自己為原來的凡夫形相；在這部分的修法，不需觀想自己為本尊。雖然身相依舊，但全然無染污，沒有任何的粗重實體與煩惱。以上圓滿了清淨罪障，它是修法的第三部分。

上師相應法

復於頂輪上師佛陀前，以敬信心虔誦祈請文，
祈請心要誦金剛上師，三寶總集上師無量光，
化光融入與己身無別，上師身語意與己之三，
無別猶如水乳互交融，觀己盡得灌頂與加持。

上師瑜伽是第四個步驟，也是最後的部分。向安住頭頂上，化現為阿彌陀佛的上師祈請，盡力生起清淨的信心與虔敬，同時持誦任何熟知並且想要使用的祈請文。或者，也可以持誦具咒語形式，即所有上師祈請文之精要，金剛上師咒(Vajra Guru mantra)，也就是蓮師的十二字咒語（編注：嗡啊吽 班札咕嚕 貝瑪悉地吽）。如果使用這個咒語，並且知道它唱誦的旋律，則建議在此處可用旋律大聲唱誦，因為那的確會幫助我們生起無比的虔敬心。

你可能會想：這個修持法門越來越奇怪了，我們觀想阿彌陀佛，卻用觀世音菩薩的六字大明咒來清淨罪障；而現在我們向阿彌陀佛祈請時，卻好像他是蓮師。實際上，阿彌陀佛、觀世音菩薩與蓮師，不是三個不同的個體，他們的本質是相同的，這三者的關係就好像同一個人因為服裝的改變，而被指認成不同的身分一樣，如同使用六字大明咒的例子，根本上師含攝三寶，因此肯定也包括了蓮師。

持誦金剛上師咒作為祈請文，然後思維由於虔敬的力量，我們的上師，顯現為阿彌陀佛形相，是所有三寶的總集，化光融入自身。自己與阿彌陀佛的身、語、意變成全然無別，如牛奶融入水中。水乳交融 (milk mixed into water)，是一個比喻用語，它表示將一物引入另一物內，使二者無二無別。這不是說因為阿彌陀佛融入自身，自身就會變成粉紅或紅色，像牛奶倒入水，水就變成乳白色一般。由於根本上師、阿彌陀佛，融入自身，我們將得到所有的灌頂與加持，無有例外。

此為第四座上觀修歌。

第四首道歌的主題，不共前行的教示，觀修次第之歌結束。

問與答

學生：我能了解您的開示，也很受激勵，想要有所作為。我真的感受到出離輪迴的重要性，並且想要進一步發願。我想知道應該要如何做，我應該賣掉所有的家當嗎？

另一個困擾我的問題是，聽聞這些教法，我很清楚必須生起虔敬心，並且應讓它成為我內心的一部分，才能真正得到覺醒的利益。對我來說，虔敬心會很自然的隨著情緒感受而產生，但並不常有。我們要如何才能做到呢？

仁波切：你所說的很正確。通常我們聽到一件事，在了解後，就會生起了出離心等等，為什麼這種感覺後來似乎消失了，又或者為什麼我們的出離心與虔敬心似乎起起伏伏，這是因為我們所觀修的出離心力量不夠穩定。那就是為什麼法本上建議，每天觀修無常三次，如此，你就會有逐漸加深的出離心；而不是受到激勵後，所產生的強烈但短暫的出離心，那並不穩定，很容易消退。

當我們想離棄輪迴時，似乎就想要去做一番驚天動地的事情，而且在當天就要與輪迴告別。但我們有色身的問題，它需要我們去維持、滋養、保護，以及為它穿戴衣物。因此，與其試圖將人生，突然變成百分之百的佛法化，最有效的作法似乎是長期逐步漸進，一點一滴，將佛法帶入生活之中。從百分之十的佛法，增加到百分之二十、三十，緩慢地持續下去。

學生：感謝您回答我有關懺悔的問題。您指出要能徹底地懺悔，我們需要證悟者的幫助。在做自他交換的修持時，我必須運用到這類的忠告，因為我對那種修持有時候會有相當大的掙扎，一部分的掙扎來自於現實生活中與日俱增的痛苦。舉例說，當我問一些年輕的同事，什麼比較重要，人或金錢？這些年輕人很清楚地表示金錢才算數，人不重要。

因為這種心態，我們的年輕人以及世界上大部分的人，越來越痛苦。整體環境遭受苦難，要將這些苦難帶入修持而開始轉化痛苦的對治法，實在令人極度掙扎。能夠祈請證悟者的幫助，很有助益，但我希望能有多些解釋。在關鍵時刻，當你把痛苦帶進來，並且將它轉變為痛苦的對治時，是否有些忠告在轉化時能有所幫助？

仁波切：在作「自他交換法」的修持時，並非立刻真正地減緩眾生的痛苦，或如你為他們所發的願一樣，他們即刻得到安樂。由於真誠強烈的發願，希望眾生能離苦得樂，你締造了一個未來有能力真正做到這一點的因。因為你是在創造未來有能力達成願望的因，顯然地，因愈強，果就愈大，你必須要毫無懷疑，即使你現在無法消除所有的痛苦，無法為眾生帶來所有的幸福，但是全心全意地發願如此做，未來你將有能力可以做到。

重要的是，看見眾生整體狀況的墮落時，不要氣餒，看到的苦難愈多，就愈能體會到人們所經歷的掙扎，能得到更多的激勵，並因眾生的苦難而生出更大悲心。

學生：仁波切，我有個問題是關於四加行獻曼達中的一句，其結尾的部分提到：「我做外、內、密及究竟的供養。」是否可以請您略加解釋一下？

仁波切：「外供」，是供養實際的曼達——也就是說，外在物質、宇宙，包括世界四大洲、須彌山與所有的供養品等等。

「內供」，是供養自已的身體、資財和個人善業，以積聚資糧。

「密供」，是供養從你身體化現出的供養天女，由於她們的供養令福田聖眾的身、語、意歡喜。

「究竟供養」，則是認知供者、供品，以及受供者都超越戲論。

學生：我的問題與虔敬心有關。一般的想法，我們認為藥物治病的力量與藥本身的品質有關，若藥是由適當的成分組成，它就可治病。但若藥的品質低劣，就不具有治病的效力。我們的經驗似乎也肯定這種想法。所以當我們聽聞了像噶瑪恰美仁波切的教示，它提到即使是一個普通的喇嘛，如果我們視其為金剛總持，則會帶來金剛總持的利益。

這似乎與平常的想法和經驗相反，我認為這類的教法，不易在西方介紹給新的學生，他們相信法藥的利益與給予教示上師的個人功德有關。我們要如何幫助持有那種態度的人呢？

仁波切：關於虔敬心起作用與藥物生效的方式，這兩者間的差異，你說得很對。以藥物作為佛法修行的譬喻，就如同所有的比喻一樣，都是受到相當限制的。

如果你修持大成就者噶瑪恰美仁波切在此書中所含括的一切，從第一頁開始到最後一頁，如理如法、完全、徹底地修習，毫無疑問地，它將淨除你的一切煩惱，與其他阻礙覺醒的障礙。

至於虔敬心，即使你不知道上師的證量，為什麼適合將上師觀為金剛總持，這是有原因的。上師可能是一個平凡人，可能是有些證量的人，可能是菩薩，也可能是佛；但是從他對你的恩德，以及他在你生活中起的作用來說，上師就是金剛總持。這是因為他給予你的教示，就是金剛總持的教示，而且是正確、完全的教示，其效果與你若能親自從金剛總持處領受教示，是完全相同的。

法界中有無數的佛，包括法身金剛總持，但是我們無緣見到他們，然而從上師處領受到的教法，依各自的努力，卻能使你在一生中成就佛果。在接受了這些些教法後，即使金剛總持也無法再為我們做更多、更深的教授。基於這樣的緣故，觀想上師為金剛總持是適宜的，同時也要觀想自己主要上師是所有其他上師的總合——那些你曾從他們領受灌頂、口傳與教授上師的具體代表，而且上師也是所有佛、菩薩無有例外的總集。

人有不同的根器與性向，有些人非常虔敬，他們可以將一個平凡的上師觀為金剛總持，因此他們得到金剛總持的加持；有些人則較缺乏虔敬心，他們甚至無法看見佛的功德。

不論我們是從佛陀那裡接受到教法，或是從自己上師處接受到教法，佛法是相同的，如果沒有虔敬心，那麼即使我們直接從佛陀那裡領受到教法，這些教法對我們也沒有什麼益處。舉個例子，提婆達多(Devadatta)與一些人直接從佛陀那裡接受教法，但是因為驕傲與缺乏虔信，他們所想的只是：我與他沒啥兩樣，我也可以教得像他一樣好。

至於對新學生解釋佛法而論及這個問題時，必須根據談話對象的性向，來調整說法，不能立刻將如何看待上師的這種描述突然地告訴他們。

一開始，學生只會準備將上師當作朋友，最終看待上師就如同一位上師，然後慢慢地習慣了有一位根本上師的想法。無論如何，除非根據個人經驗，有理由去相信這一點，否則沒有人會相信虔敬心的力量，以及看待一位甚至是平凡無奇的上師為金剛總持的有效性。

學生：我有個關於四加行的問題，即上師相應法那四句瑪南(Ma Nam)的祈請文。它的大意是這樣：我與所有廣大如虛空的如母眾生，向上師祈請。我以為大部分的祈請文或祈禱文都是在祈求某些事，而此祈請文只是很明顯地陳述我向上師祈請這句話。我不清楚真正在祈請什麼？只是「我向上師祈請」這字句的重複，或者是祈請時的某種精神態度呢？

仁波切：祈請文可以有很大的差異，可以祈請短期的需求，也可以祈請賜予協助以證得法身，獲得無窮盡、無染污的功德等等。

此處可以假設，雖然沒有如此的陳述，但你是在祈請這類的事情，並希望所祈請的事，究竟也能成熟於他人。

儀軌中使用的「瑪南四句」(MA NAM ZHI KOR)，僅是以「祈請」(supplicate)一字結束。這類祈請文的其他形式，有的以「我皈依」做結束。一般的了解，你所請求的是，你與一切眾生都能得到保護或加持，這便是祈請文起首時說：「我與所有眾生，我的母親們…」的理由。這個祈請文的特殊之處在於，你不是間接請求加持他人，而是直接要求加持每一個人。

學生：我的問題有兩部分。噶瑪恰美仁波切談到尋找一位總攝佛、菩薩、勇父、空行上師的重要性。我們聚集於此，因為我們已經找到具有如此特質的一位上師。您一直說您是個平凡的人，我們不應該太認真看待這件事，只要聆聽您的教學即可。但第十六世大寶法王噶瑪巴，不可能派一位普通人，來此建立他在北美洲的法座，他應該見到了您不凡的特質才會派您來。

然而您不斷地表示自己很平凡，還在最近一期的法光(Densal，KTD的法訊)文章提到大寶法王的功德，以及見聞大寶法王的力量，只要聽聞他的名字就能使你解脫。然而在《智慧甘霖》(Rain of Wisdom)一書中，大寶法王稱他自己是頭「蠢驢」(stupid donkey)，我不瞭解這一點，我以為我們是可以有金剛慢(vajra pride)的。

仁波切：關於聖者如大寶法王噶瑪巴，在他們的證道歌與其他場合中，稱自己平凡或無知，我們很難臆測他們在某些情況下，為什麼會那樣做的確切理由。但我們可以推斷，那樣做肯定有一些利益，當事者知道如此做，對那些閱讀（或者聽聞）道歌的人，會產生好的作用，會使弟子在心續中生起更多的功德。

而我的例子，情形則非常不一樣。你說大寶法王派我來此地，這一點是對的，與你相同，我對那一點有信心。然而我的確是個平凡人，而且我可以證明這一點，譬如我來此地已經三十多年了，卻還未學會英文，那證明我不是個聰明絕頂的人，我的頭腦僅僅如此。至於我的身體，我有個像鍋子般的大肚子，有個像茶壺般沒有頭髮的頭，我所作的一切就是吃與睡，我就是這樣子。但是，如你所說，大寶法王的確派我來此，我對他的用意有信心，對他的意加持、他的抱負，以及他的語加持有信心。我確信我在此地的所作所為是有利益的，然而，那不表示我認為自己是特殊的。

學生：我注意到，當我禪修或甚至坐在此處聽聞教法時，稀奇古怪的妄念有時候會浮上心頭。認為我是誰的奇怪念頭，不知來自何處，一直挑戰著我。您能否評論一下，這些念頭從何處來，或它們有什麼意義？

仁波切：為什麼我們自己平常找不到的念頭，會在這些情況下出現？原因是平常我們都很忙碌，當工作或忙碌於其他事情時，你是全神貫注的，你專注於工作的那些念頭，有效地壓制了其他的念頭。

當禪修時，有空檔存在，這時候，那些平常被壓抑的念頭就會生起，事實上這是件好事，因為它給了你一個機會，去認知心裡有何種念頭，並且去抉擇它們是負面或是正面的，如果你認知它是負面的，你就比較不會去做。還有，藉著禪修時浮現的念頭，你有機會學習不去追隨念頭，而是去認知念頭的存在，最終則認知念頭的本質，那是禪修的目的之一。

在教學時，為什麼念頭會發生的原因，可能是由於翻譯所造成的規則性節奏。每一位聽課的人或許只有一半的時間在聽講，如果你懂英文，而不懂藏文，那麼當翻譯者說話時，你在聆聽。但是當我說話時，你可能沒有太多事可以做。之前你專注聽講，但是之後你沒有什麼事要專注，因此念頭就趁機升起，正如同念頭在禪修時生起一樣。

學生：仁波切，我有個問題。當您想到上師，並且說：「不論做什麼，您都清楚的知道」的態度，那意謂著我們相信上師了解什麼是對我們最好的。假設您是我們的上師，您要我們做四加行，在接受教學指導後，我們開始修四加行。但是當我們有問題時，怎麼辦？我們應該要請問您，因為您最了解，然而我們可能會想：仁波切有那麼多學生，那麼多責任，我們的問題微不足道，不宜去打擾您。有問題時的指導原則是什麼呢？您會歡迎哪一類的問題呢？

仁波切：這是個別的問題。若有情況發生，你自己無法解決，查看書本或問其他的法友也無法解決時，你覺得「我必須要問他，沒有其他的方法能知道答案」，那麼你應該來問我。另一方面，若問題從書本、論釋，或其他法友所說的就能判斷，而你似乎也解決了問題，那麼你就不需要問我。

學生：假如在日常行為中，不善的念頭或感受自然生起，最便捷的清淨方法是什麼？

仁波切：就此次的教學而言，對治的方法是：直觀生起的煩惱或念頭的本質。如果你直接看著它，就能見到它的本質，唯一的問題是，如果在使用這技巧之前，煩惱已經積聚了強大的力量，而且若煩惱非常的強烈，你被震攝到不知所措，那就不容易這麼做。重點是在它一生起，而尚未積聚太大力量之前，就看著它的本質。

學生：那麼，假如在它一生起時就察覺，那足以清淨它嗎？

仁波切：這個大手印教示的用意是，觀看念頭本質時，你觀察到念頭並非來自任何地方，不停留在任何地方，也不去任何地方；它沒有顏色、形狀、大小、位置等等。認知這一點，就能解脫對念頭的所有執著，那就是念頭的解脫與清淨。

學生：在金剛薩埵的修持中，當我們觀想甘露流下，清淨了我們時，是否在那時懺悔？或者之後才進行懺悔？至於懊悔，它是否與此書上所提到持誦六字大明咒相同？懺悔要如何用於此處呢？

仁波切：如同儀軌的順序指出，實際的懺悔儀軌是出現在持誦百字明咒之前，此時你應生起懊悔力。而在持誦百字明咒本身的過程中，主要應生起對治力，或對治的行為。

學生：最近我常常觀修金剛薩埵，但有個問題。觀想本尊身以及在本尊身內產生甘露，我沒有任何問題，但我對甘露流入我的身體的觀想卻有些困難。我觀想甘露流到了我的頭頂，但卻無法再向下流。我知道這只是自己的觀想，但實在很困擾我，不知道對此我能做些什麼？

仁波切：你不是唯一有這個問題的人。在金剛薩埵修持中，這是很常見的問題，在所有本尊法的修持上，當一個人嘗試觀想自身為本尊身時，這也常會發生。基本的困難是因為，我們都過度執著自身明顯的堅固性。這一點不令人訝異，因為從無始以來，我們都堅信自己色身的堅固性。

當你試著觀想自己為本尊時，同樣問題也會發生。舉例說：試著在一剎那間，轉化自身為觀世音菩薩或其他本尊時，有時候會有問題，因為仍然有身體的覺受，認為自己的身體只有那幾隻手腳，沒有更多，以及有某種姿態的感覺，你感受到自身的動作與觀想的本尊形象動作之間有衝突。

就你描述的狀況，如果這樣去想可能會有幫助：當甘露從金剛薩埵流入你的身體時，它與你體內的物質，起了確實的反應，甘露將它們全化成像焦油般骯髒污垢的液體，然後逐漸將它們排出體外。那樣或許可以幫助減輕身體無法穿透的感覺。

此外，不要忘記，這個過程如你所說的，全然是想像。那只是你觀想或想像的一些事情，如果能在頭頂上生起金剛薩埵的清晰形象，那麼，應該也可以用相同的心力，生起色身溶解與清淨的清楚影像。如果你真正試著將大量的水或液體，從頭頂倒入你的身體內，那遠比觀想更為困難。

學生：修完四加行後，有時我覺得必須再複習，因此，我偶而會念一些皈依文、金剛薩埵、獻曼達、上師相應法等，「瑪南」四句祈請文等。換句話說，不是完整的全部儀軌，只是核心的念誦，例如每一加行的咒語。這樣做好嗎？或者有其特別的方法呢？

仁波切：那非常好。在西藏，當人們完成四加行後，他們通常都會終生每日念誦完整的儀軌。視時間的多寡，他們可能會持誦多一些或少一些，但無論如何，他們每日都會不間斷地修持完整的儀軌。

在這個國家可能會有些困難。困難在於那是長軌，你可能還修其他法門，加上自己工作等。然而，重要的是每天至少應持誦四個核心部分。

學生：在前面的教學中提到，破損三昧耶戒的根本墮是邪見或反感，我不知道當一個人的身、語、意發生這種情形時，應該採取

什麼樣的行為、想法與對治？

翻譯：首先我必須告訴大家，早先當我們談到這一點時，我沒有向仁波切請示藏文「洛達」(lokta)這個字的確切定義。那時，我給了兩種翻譯，一個是「邪見」(wrong view)，另一個是「反感」(antipathy)。但是我剛與仁波切確認，按照他所說的，我應翻譯為「邪見」，而非「反感」。

仁波切：認為上師與本尊相異，而非無別，是較次要的邪見，因此所違犯的三昧耶戒也較次要。但認為佛法、一切有關本尊的教法與上師的功德等都是荒謬、謊言，是操弄與欺騙人的手段而已，則是嚴重的邪見。它會破損三昧耶戒，並且斷掉解脫之路，此種見解則是毀壞了所有的三昧耶戒。

學生：假使一個人不確定自己是否有任何種類的邪見，任何或大或小的邪見，那麼應該要採取什麼行動與對治法來改正呢？

仁波切：你應該向與上師無別的主要本尊懺悔。舉例說：如果你的本尊是觀世音菩薩，你就應該對觀世音菩薩說：「由於無始以來無明的習性，我生起了各種的邪見。我發露懺悔所有這一切，祈願能免除所有邪見，未來也不再生起這類邪見。」

學生：就我所聽到的，您解釋書上關於淨障過程的一個偈子，似乎我們是在哄騙閻羅王，讓他相信我們已得清淨。這是正確的嗎？

仁波切：首先，在法本上那部分指的是「亞嘛」(yamas)，但這不一定是指閻羅(Yama)，或有時稱為閻羅法王 (Yama the Dharma King)，眾生死後的審判官。

此處，書上不是指一個個體：就內容來說，「亞嘛」被認為是某類鬼神。但在這裡「亞嘛」是一種喜歡食肉、飲血、甚至髒物的鬼神，而且「亞嘛」會傷害他人，他們會企圖傷害其他的眾生。這些被「亞嘛」傷害的眾生，是因為「亞嘛」想要他們的血與肉。由於有宿債之故，所以「亞嘛」想要某些特定眾生的血肉，換句話說，「亞嘛」在前世被某一類眾生傷害過，現在反過來企圖傷害那些眾生。

「亞嘛」具有「意生身」，他們沒有肉身。這是為什麼在觀修時，當你觀想你的血、肉、身體所有的粗劣物質，以及你所有的惡業等，從身體排出，進入「亞嘛」嘴中，令他們滿足，你並不是拿這些污穢物來欺騙他們。事實上，他們很滿足，因為那正是他們想要的。

當他們追逐你的血與肉時，他們需要的不是物質的血與肉，而是他們從觀想就能同樣獲得的血與肉。在這裡，你心甘情願的給了他們，事實上，那是更令他們愉悅，更能滿足他們的一種觀想。

你或許會想：為什麼將我們的垃圾給他們呢？把我們不需要而且橫豎要丟棄的東西給他們，如何能償還我們的宿債呢？這看來不像是真正的還債。事實上，你給的正是他們想要的。你或許會認為，若能給他們好一點的東西該多好啊！但事實上他們不要好的東西。

舉例說：如果你在獅子與老虎面前，放置一盆盆的蜂蜜、糖蜜以及其他甜食，它們不會感興趣。它們是食肉動物，它們想要的是肉與血，你不可能拿任何種類的真實償還品，如金、銀等物質，來給「亞嘛」。「亞嘛」沒有銀行帳戶與支票簿，他們不擁有那樣的東西，他們只有意生身，在某種意義上來說，「你是藉著放棄對自己身體血肉的執著，來清淨你的宿債」。事實上，願意放棄對這些事物的執著，是能令「亞嘛」滿足供品的一部分。在某種程度上，這部分的觀想與施身法有關聯。如同所有施身法一樣，都是利用般若波羅蜜多見解，以斬斷貪著自身的執著與破除二元對立的迷惑性。

學生：我有個關於阿彌陀佛與「亞嘛」觀想的問題，那似乎是個法門。我的問題是誰該修持此法，還有何時修？它是否適合我們每一個人修？

仁波切：這裡沒有一樣不是包含在基本的噶舉四加行法之內。重點是相同的，嚴格地說，它是為那些無法修較長、較繁複的四加行儀軌的人而設計的，因此需要簡化些。換句話說，如果你能修持長軌的四加行，那最好，如果無法作到，那麼就修簡軌。假如你問：是否簡短的法門較不深奧？並不是這樣，它反而更深奧。但即使如此，如果可以，你還是應該修長軌的四加行。這不是個很令人滿意的答案，是嗎？

【參】正行

- 生圓與止觀
- 止觀實修的覺受
- 認知心性後，四種增上法

一 生圓與止觀

第五首道歌

初修生圓次第

生起次第與圓滿次第的義理

前一首道歌教導的觀想，基本上與下部兩種密續：事續(kriya)和行續(charya)的觀想特徵相符合。而第五首道歌所介紹的修持方式，包括觀想，則依據上部兩種密續：瑜伽續(yoga tantra)和無上瑜伽續(anuttara yoga)的見地與修持方式。

簡單地說，上、下兩部密續的差異之一，在於下部密續的觀想與禪修方式是無相的(without characteristics)（英譯註：下部密續的觀想與禪修方式是有相與無相；而上部密續則是生起次第與圓滿次第）。因此，前面所解說的第四首道歌，在第二部分，是先觀想上師，然後在修法結束前，上師融入於你，你安住在無任何觀想或概念之中。

根本意義生圓雙運道，此中有二應知與應修。

第五首道歌所描述的法道，融合了「生起次第」（本尊的觀想）與「圓滿次第」（此處指的是心性的認知），它開示了兩件事，也就是它們可以同時兼修，不必分開修持。這首道歌有兩部分：應了解的義理與應禪修的事物，其意義深邃廣博。義理指所有本尊觀修背後的正確見地，而應禪修的事物則是此法道的主要禪修方法。

心的本質就是佛三身

一切有情其心之本質，從本以來即佛之本質，
其性為空無生之法身，其明無雜顯現乃報身，
悲心無滯種種之化身，彼三無別共運體性身，
恆時堅固不變大樂身。

見地應從下面的方式來理解：所有眾生心的本質，不論是否曾受任何煩惱所染污或遮蔽，從本以來皆是佛。任何一個眾生的心，皆有本具的覺醒與圓滿。事實上，每一眾生的心皆是如此。心自身及其內，沒有任何垢染，而且圓具所有的功德，因此，心的本質可稱為「佛」。縱使我們因迷惑錯亂而流轉於輪迴中，基本的本質不曾變壞，而且即使當我們證得完全覺醒時，該本質自身也不會增進，心的本質不受任何影響。

換句話說，在基中與在果中，心的本質是相同的，其基本空性是法身，心的本質沒有生、住與滅。然而心不僅是空，它也是明晰、清澄與覺知的。心在經驗顯相時，所呈現的無雜明分，其特質就是報身，或稱圓滿受用身。明分的真實展現，也就是心的良能或應現，以及慈悲，其種類無盡，這即是化身。

當我們談到這些名相時，這三者似乎各自不同。心的空性，心的明分，以及心中顯相的現起，三者本身都不是實質的，它們僅是非實存的顯相，如彩虹一般。雖然三者聽起來似乎不一樣，它們並非三件不同的事，事實上它們是一體的。此無別一體，心的自身，即是「體性身」(svabhavikakaya)。此無別一體從不曾改變過：在果位時不會增進，而在其他狀況下也不會衰損，因此被稱為「大樂身」(mahasukhakaya)。

▌明空雙運，始終是我們心的本質▐

從始以來本具於自身，如來慈悲上師之加持，
甚深殊法精要皆非因，本來自始如實而存在，
彼義順一切經續所說。

從本始來，這是每一眾生與生俱有的，是本具的；它是我們始終具有的；我們不曾失去它，也不曾偏離它。因為它是，而且始終是，空明雙運，因此與基的特點相應之法道，是生起與圓滿二次第的雙運。此雙運本身，始終是我們心的本質，而我們也從不曾沒有過，它並非由道產生。此道之特質與基的功德相符，但道不會產生基，道只是彰顯了基而已。

心的圓滿本質不是因佛的慈悲、上師的加持，以及法的甚深義理，例如對法的了解或修行而生起。它不是由任何這類事所產生，它全然不是產生出來的。從本始來，它始終在那兒，雖然我們不可能找到一個開始；因此，它不僅不曾被生出過，它也不是在某一時刻本質清淨，然後不知為何，其本質變差了。此心始終如其自身本質，卻未曾被認知過。所有的經教與密續都是這樣宣說的。此處，所有的經教主要指大乘經教。

直指自心即佛

然則何故飄蕩於輪迴？只因迷惑不識自之性，
譬若有人擁有金爐石，不識金性故遭飢苦熬。
上師大恩直指使識彼，

如果心從本始以來便是清淨、非造作與圓滿的，那麼你或許會問，為何我們會在輪迴中流轉？那是因為從本始來，我們就不曾認知到我們自己的心性，這不是說我們從往昔認知的狀態墮落了，而是我們從來就不曾有那種認知的狀態。我們總是向外看著顯相，而因為我們看到顯相卻又不認識它們，錯把顯相與顯現它們的心，視為根本分離。

換句話說，雖然顯相即心的展現，是任運存在的三身，但我們卻不如此地認知，因此我們錯認了它們。迷惑(bewilderment)、錯誤

(mistake)或錯亂(confusion)等用語，是指我們沒有見到事物的真相，輪迴中我們看待事物的方式都偏離了真實，是錯誤的，我們見到的事物並非它們的實相，事實上，這就是輪迴。

法本上舉了譬喻，是關於一個十分貧窮的人，他的整座房子全是由黃金所鑄造，但他並不知道這一點。這個人窮困到近乎餓死，當然，若他知道屋內有黃金，他就可以養活自己，但就因為他不知道房子本來就是用黃金打造的這一點，所以瀕臨餓死。這是為什麼直指你的心性是黃金、本自圓滿，是一種如此慈悲行為的原因了。假如有人對那窮人說：你不需要挨餓，這裡就有黃金啊！那會完全改變他的人生。

將指引應用到修行，去除迷惑得解脫

但識金性無助解飢餓，必售彼物置辦食物烹，
或炒或烤食畢飢方解，同理上師直指識本性，
必待行持除惑方得脫。

這說明了，為什麼只是接受心性指引的本身仍是不夠的，假使有人告訴那窮人，他擁有黃金，還是不能減緩他的飢餓，他必須用金子去交換穀類或其他食物，並且把食物煮熟，用來進食，才能解除飢餓。法本上以糌粑或炒青稞粉為例說明，首先你必須將青稞炒熟，然後磨成粉，窮人可以拿金子去買糧食，然後烹煮，最後進食，如此就可以解除所有的飢餓。

同樣地，僅只是接受心性的指引，即心性的直指，是不可能去除迷惑與誤解的。唯有把所接受的指引，應用到你的修行上，才可能去除迷惑，得到解脫。

有了直指，成佛不再遙遠

如是自心即是佛陀寶，大乘經教密續所共許，
然而自身是佛經教中，無有直指距離極遙迢，
三大阿僧祇劫方成佛。

心的本質是佛，這是所有顯宗經教與金剛密續所一致共許的。兩者的差異是，經教的修持道路十分長久，因為身體的本質也是佛的這個事實，並未真正被指出；而密續的修持之道較短，因為它指出身亦是佛。更且，在密續以及最高也是最終層次的大乘經教，第三轉法輪中，對心性內有任運存在的本具功德，有較為直接的指認。

在此之下，普通的經教，包括二轉法輪在內，諸法的本質，也是心的本質，主要是以「它不是什麼」的說法來描述；它大部分被指為是空性。相較於僅是心性的直指，此處的差別在於，它更常以心內本自存在的功德（法本上只說認知自身是佛the direct recognition that your body is buddhahood）直指來說明。

由於經教的共乘道，對基的本具功德缺乏明確的認同，即使是最上根器的修行者，要圓滿共乘道並證得佛果，也需要三大阿僧祇劫才行，例如釋迦牟尼佛成佛所經歷的時間，許多其他的佛陀，則經歷長達三十七劫的時間才成佛。

無上密續中，自身即佛的奧義

無上密續一世成佛法，深法直指自身即本尊，
故於自身本尊之壇城，勝樂密集八大黑魯嘎，
無上瑜伽密續廣宣說。

根據上部密續，即無上瑜伽密續，為何你能於一生成佛？其理由是，因為這些密續的方法均植基於，認同自身本質即佛。每一上部密續有各自的方式，以解釋自身本質即是本尊的壇城。各自以特殊的名相，描述各自特殊密續的壇城，例如新傳承中的勝樂金剛和密集金剛，或是舊傳承的八大儀軌或八大黑魯嘎本尊法。總之，不僅心的本質即是佛，而且身的本質也是佛，這在所有無上瑜伽密續中，都有詳細且深入的解釋。

簡言五蘊即為五方佛，五大五母八識八菩薩，
八境八女新舊教共許。

所有這些密續共同的解釋，也是所有這些不同解釋方式的根本是，你的五蘊是五佛部的佛父，五蘊與五佛的確切對應，在不同的法門中略有差異，我會逐一解說。但如果你看到某一密續有不同的說法時，請不要感到疑惑。

最普遍的共同認定是：「色蘊」是毘盧遮那佛(Vairochana)，「受蘊」是寶生佛(Ratnasambhava)，「想蘊」是阿彌陀佛(Amitabha)，「行蘊」是不空成就佛(Amoghasiddhi)，而「識蘊」是阿　毘佛(Akshobhya)。這是可以互換的，例如有些密續說，識蘊是不空成就佛等等。構成你身體的五大，被視為五佛母，最普遍的認定是：「空大」是無上空性佛母(Dhatishvari, Empress of Space)，「風大」是三昧耶度母(Samayatara)，「火大」是白衣佛母(Pandaravasini with white clothes)，「水大」是瑪瑪基(Mamaki)，而「地大」是佛眼佛母(Buddhalochana, Buddha Eye)。八識是八大男菩薩，而八識的對境是八大女菩薩。

重點不是要觀想五蘊為五方佛，並且認為如此觀想就能清淨五蘊。也不是要去觀想五大為五方佛母，或是觀想識與境為男、女菩薩。無上瑜伽密續以及更上的密續之見地，是說這即是任何一個人身與心真實與根本的本質。因此，就本質而言，我們根本上是平等的。這個事實被我們的無明染污遮蔽了，我們必須淨除垢染，才能如實地認知諸法本身，包括我們的身與心。這是新傳與舊傳密續所共同宣說的。

氣、脈、明點內，安住本尊眾

特言心中四二寂靜尊，喉間住有清淨持明眾，
腦部之內五八飲血尊，實際現為氣脈及明點。

特殊或不共的解釋是，在你的心間安住著四十二位寂靜本尊；喉間住有清淨持明聖眾，男女持明者各五位及其眾多眷屬；而在你的頭內有五十八位飲血尊，亦即五十八位黑魯嘎或稱忿怒本尊。這些本尊事實上存在於「脈、氣與明點」(nadis, vayus and bindus)之內。

如彼心及眼之氣脈連，大圓虛空虹光明點現。

氣、脈與明點存在的一個跡象，尤其是因心脈與眼脈互有關連之故，在大圓滿的修持中，你能實際見到虛空中的虹光與虹光圈，最終則能見到先前提到的本尊自身。也就是說，若你將覺知首先專注在彩虹光上，然後彩虹圈，最後你將真實見到這些本尊。在此種狀況，專一的覺知不僅是止的境界，它也是觀的境界。

了知中陰所見本尊即自身，可得解脫

死時身中本尊脫離身，真實顯現遍滿虛空界，
不識為尊誤認為死主，恐懼畏怖昏迷墮惡趣。

當你死亡時，這些本尊離開了你的身體，實際顯現在你前面的虛空，遍滿整個天空，假如你經由本尊的觀修，早已熟悉這些本尊的顯相，而且在法性中陰，當他們出現在你前方時，你認出他們是本尊，那麼你就能在那一剎那證得解脫。

不幸地，通常發生的狀況是，雖然這些本尊顯現了，你卻無法認出他們是你自己的本尊，你也無法認出他們是你本具的。因為本尊顯現在你的前方，你認為本尊和你是有別的，並且因為本尊的顯相清晰而生動，你把他們當作是邪魔或閻羅，受到驚嚇而昏迷，甚至因為害怕而逃避了那些本身即是解脫道的本尊，你回到了輪迴惡趣。

譬若具怖敵軍之前路，視迎接者為敵驚恐逃，
彼若隨後懼誤為追趕，倘識彼等無懼反歡喜。

一般來說，當寂靜尊與忿怒尊的顯相在中陰現起時，人們常誤認他們是威脅，並因恐懼而逃離。舉例來說，當你在一處危險的地方旅行，來到強盜出沒的山間隘口，因為那個地方非常危險，你要拜訪的人家派了一隊武裝護衛，來迎接並保護你。你看到這一群人，騎著馬，持著槍，迎著你而來，但你不知道他們是來護衛你的。你錯認他們是盜賊，你當然會害怕，很自然的拔腿就逃，但因為他們是來保護你的，於是他們緊追著你不放，而你以為盜賊正追逐著你，因此你變得越來越恐懼，越來越驚慌，情況就越來越惡劣。

若識彼為本尊往淨土，欲使此生熟悉彼理故，
應觀脫噶光球與光點。

如果我們認知這些就是本尊，便可以避免這一切恐懼，就能投生淨土，得到解脫。除了觀修本尊圖像外，為中陰做準備的其他方法是：必須了解這些本尊是你自身本具的這個見地。為了要讓自己熟悉他們的形象，修持「脫噶」(tögal)，或稱「頓超」

(leapover)，將能真實見到這些微細的光圈或明點，最終認出是本尊自身的顯相。

▌經由實修，親見身即壇城、心即本尊▐

譬若銀礦雖然即是銀，未經冶煉不能當銀使；
自身即為本尊之壇城，僅知不足實修乃得成。

正如同心性的功德必須以禪修來培養，同樣地，只是了解身的本質即佛、本尊，或者了解心性具有這些任運自成的特質，並不足以讓你獲得解脫。這是因為無始以來我們有無明的習性，我們必須先淨除它，雖然這些功德實際上是任運自成地存在於你自身，它們卻被你的無明煩惱遮蔽了。

這和銀與銀礦的關係非常類似。銀礦本身確實含有銀的成分，但是必須經過冶煉才能提取其中的銀。同樣地，雖然這些本尊是我們任運自成的真實本性，此本性必須經過冶鍊，但這不是說本性自身要被改變，應該說，本性必須免於煩惱的染污，就好像要獲得銀原料，必須先去除銀礦中不是銀本身的其他元素一樣。

你無法將銀礦當銀使用，你也無法使用未經陶冶或未展露的本性。僅是知道身體即本尊的壇城，這是不夠的。你必須經由觀修而真正展露這一點。在最佳的情況下，「展露」(revealing)的含意就是「真正見到本尊」，當你親見本尊時，你見到了自己本具功德的展現，當你的煩惱染污被淨除時，本尊的覺受會逐漸展現。例如，在前面大手印的開示中提到，當你的煩惱染污或迷惑淨除時，禪觀的強度或清晰度就會增加，這就像那樣。

譬若乳中酥油雖遍滿，不經攪拌不能成酥油；
雖然能知自心即是佛，若不禪修不能成佛陀；
了知彼義當下實修行。

另一個譬喻是酥油與牛奶。在某種意義上，我們可以說酥油存在於牛奶內，但是除非去攪拌牛奶，否則不會真正有酥油可用。同樣地，雖然你了解自心即佛，除非你真正去禪修，否則它是不會顯露的，所以，首先要了解自心與身的本質即佛的這個見地。一旦了解，你就能夠真正開始修行，這在此首道歌的第二部分將會討論。

生起次第與圓滿次第的觀修

在第五首道歌的第一部分，噶瑪恰美仁波切針對本書主要修持法的見地做了開示。根本上，這是諸法與心的本質根基的一個見地。具體地說，諸佛的所有功德，在一切眾生的心續內，是任運自成的。

換句話說，在此首道歌的第二部分，修持法門之前的理解是，這些功德是本自具足的，雖然一個人了解或認識到這一點，但若不修行，這些始終存在的功德，是無法成為有用的，因為它們不會展現或顯露出來。

什麼樣的修持能展現這些功德呢？它包括所有清淨障礙以及積聚福德的修持，特別是本尊的觀修、咒語的持誦，以及將心安住在三摩地等。在你歷經這些修持後，慢慢地你會逐漸熟悉這些本具的功德，迷惑與煩惱的程度——所知障、煩惱障與業障逐漸減少，當這種情形發生時，你就越來越接近佛果或覺醒。

止與生起次第結合觀修法

視觀世音為所有本尊的具體化現

本尊雖多聖者觀世音，諸尊總攝雪域之本尊，
廣略生次雖多此念圓，禪修易行理解亦淺顯。

至於能夠運用在此，與特殊本尊有關的特殊修持細節，方法無窮無盡，每個人必須選擇具有自己傳承特色的方法，才能領受到完全且適合他們個別根器的實修口訣。本尊很多，因為佛陀應特殊的人或人們的需求，會以特殊的形相顯現，基於這個理由，本尊形相有無數種，顏色不同、形相不同、執持的法器也不同。

雖然本尊的數量眾多，但聖者觀世音菩薩是所有本尊的具體化現。提到這一點的理由是，你可能認為：「如果我只是修持一位本尊，觀世音，他的修持法是此處主題的一部分，我不就忽略了，或多少遺棄了其他本尊於不顧呢？」

你並未遺棄其他的本尊。首先，所有的本尊，一般而言是相同的，僅是相同根本智慧的不同顯現。其次，觀世音菩薩是諸佛慈悲的化現，觀世音的修持法門自然包含了所有的本尊的修法。基於這些理由，當你禪修觀世音法時，你超越了挑選，超越了被捲入接受某些本尊而排斥其他本尊的問題。

尤其在末法時期，我們的煩惱特別粗重，我們比往昔更為忙碌，即使當我們不忙時，我們還是非常散亂。教法中提及：修持最具利益的三位本尊是觀世音、度母與蓮師，在這三者中，最重要的本尊是觀世音。

噶瑪恰美仁波切說，觀世音是西藏的命定本尊，理由是，現在世界上所稱的西藏這個地區，在未有人居住之前，它被冰雪覆蓋，部分則為水淹沒，當水與冰雪稍微消退之後，由於觀世音的願力，該地區變得適合人類居住，而且在西藏土地上首先播下人種的是觀世音，西藏從一開始成為有人居住的國土後，就一直受到觀世音菩薩的引導與加持。

隨著西藏人口的增加，以及西藏文明的發展，許多重要的統治者、上師、班智達（大學者）、成就者等等，都曾是觀世音菩薩的真實化身。基於這些理由，一般說來，這個傳統的發展，根本上是觀世音菩薩的事業。特別是我們殊勝的傳承，它是由觀世音菩薩的人身化現所維護並持有。就此而言，在所有本尊中，此本尊與我們有特別密切的關係，而使我們特別容易獲得成就或證悟；因此，此法本極力頌揚的單一本尊，遠勝過其他所有的本尊法，就是觀音法門。

觀世音修持法的種類很多，包括多種生起本尊，尤其自觀為本尊的觀想，有的是很長順序的逐步觀想，有的則在許多程度上是「一念圓成」的觀想，此法本所呈現的是「一念圓成」的觀想，它最深奧，也最簡單，因此最容易修持。

生起次第在憶念的一剎那間就完成了，它與我們平常觀想事物的方法不同。以觀世音菩薩為例，正常的情況下，當你觀想自身為本尊時，首先你思維自己的身體融入，接著所有的顯相全化為空，然後從空性中生起本尊的種子字，以觀世音的例子，種子字是「舍」(HRI)，然後經過某些步驟，或許包括光芒的放射與收攝，最後種子字轉化為你顯現為觀世音形相的身體。

此處所建議的方法是，當你開始一座的觀想禪修時，單純且立即地憶念自己本質上就是觀世音，如此觀想自身為觀世音的觀想方法，基本上是承認本具功德的存在，它不需要被開發或製造，因此可當下立刻觀想。在這個修持法門中，你就直接觀想：剎那間，自己是觀世音菩薩。

生起本尊：觀想自己就是觀音菩薩

是故自體觀為大悲身，色白一面四臂如經說，
心間六瓣白色之蓮花，中心舍字六瓣為六字，
全體直立觀修亮而明。

如同法本上所描述，觀世音全身白色，一面四臂，法本所指的儀軌例如《利益遍虛空眾生》(Drodon Khakyapma, Benefit for Beings Throughout Space)，這是噶瑪三乘法輪寺（紐約KTD）每天晚上修的觀音法的標題。你可以說，這儀軌包含了此處所描述的精要。

你觀想自己是觀世音的形相，在你的心間有一朵六瓣白蓮花。蓮花的中央直立著一個光輝明亮的白色「舍」字，這是觀世音的種子字，或說是觀世音的精要字母。在六片花瓣上有六字明咒「嗡嘛尼唄美吽」，每一咒字立於一片花瓣上，咒字直立，顏色多彩：嗡是白色；嘛是綠色；尼是黃色；唄是藍色；美是紅色；吽是黑色。

舍字不動六字右旋轉，由彼光明照耀向十方，
供養十方諸佛與菩薩，彼皆化為大悲觀音身，
如雨降落滲融自身中。

當你持誦咒語時，咒字中央的「舍」字，代表觀世音之意，靜止不動。而六個咒字「嗡嘛尼唄美吽」，咒字朝外，依順時針方向開始旋轉。當咒字逐漸加快速度旋轉時，五彩光芒開始從咒字放射出來。起初，這些從你的心身放射出的光芒，呈獻供養給遍虛空的諸佛菩薩。這些供養令諸佛菩薩歡喜愉悅，然後他們全轉化成觀世音，與你完全相同。所有的諸佛菩薩化成觀世音形相後，來到你的處所，如雨般地降下，不斷地溶入你身中，一再地重複。

持咒觀想：六字明咒放光，淨除眾生罪障

復次由彼六字放光明，淨化六道有情諸罪障，
彼皆化為大悲觀音身，全體齊誦六字嗡嗡響，
器之世間化為極樂土。

接著，從六咒字再放射出光芒，清淨了六道一切眾生的惡業與煩惱。結果，所有的眾生都轉化成觀世音形相，也就是說，他們的身體變成觀世音身形。不僅如此，他們一化成觀世音之後，開始與你一齊持誦「嗡嘛尼唄美吽」六字大明咒；因此咒音產生迴響共振，從宇宙各方位同時發出。

同時，所有的器世界也轉變了。這可以如此解釋：每一眾生都會依各自的業報，感受到一種或多或少有點不舒適的器世界。總計眾生感受的器世界有六種基本方式，即六道。由於眾生的惡業與煩惱清淨了，六道無有例外，全部轉化為極樂淨土。這是持誦咒語時的基本觀想。

心住三摩地：將心安住舍字不散亂

有時專一觀修於舍字，念不外馳心長時安住，
此乃止與生次雙運法。

不持誦咒語時，時時將心專一的安住於心中的「舍」字，並且持續觀自己為觀世音。維持如此的觀想，而將心專注於「舍」字

上。長時間將心安住在「舍」字而不散亂，這是有所緣（此處指觀想）止與生起次第結合的修持。這是同時修持此兩者的方法，是此修持法的第一部分生起次第。

觀與圓滿次第結合觀修法

復次如是於禪者之心，直視所觀修者化為空。

第二部分的修持如下：直觀禪修的心時，先前觀想的一切，消融入空性中。你不需要真正去想：它融入空性了，相反地，你將心專注於觀想，並且直接看著正在觀想的心，然後，一個人在觀想某些事的感覺就消失了。

心在哪裡？

心者無相無色無實物，不在身外身內與中間，
遍尋十方亦無有可得，此心無生無住亦無去，
非是無有自心明且徹，非是單一種種皆從現，
非是別異諸法一體性。

當你直接看著你的心，那個正在觀想觀世音菩薩的心，你會注意到心沒有實體、形相或顏色，簡單來說，心是無實質的。至於心在何處？如果你直接看著它，你會發現心不侷限於一處；因此，你不能說心在身體之外，但是你也不能說它在身體之內，或者說心在兩者之間。

不論去何處尋找心——你可以找遍全宇宙，你將找不到一個確切可以稱為你的心的實質物。如果你去尋覓它從何處來，你會發現它不是來自任何地方；如果你去尋找它停在何處，你會發現它似乎不停留在任何地方；如果你去看它去了何方，你會看到它也沒去任何地方。

由於心沒有實質的特徵、不實存、沒有處所等等，你可能認為：「嗯！心什麼也沒有。」心不是什麼也沒有，因為它是你的心，那是極為明晰，炯炯能知的明。同樣地，你也不能說：「心，能知的明性，是一件事物。」因為這能知的明性變化多端，無有止盡，它能現起成為對任何事物的覺受；然而同時，你也不能說心是不一樣的事物，因為所有這些無盡變化的覺知經驗，有著相同的體性。

心是什麼？

彼之體性任誰無法說，以譬喻說無有道盡時，
名有心性自性阿賴耶，雖然假立眾多名言相，
實則即為當下之覺知。

你不能說心是有，你也不能說心是無，你不能說它有實質，你也不能說它非有，並且全然無實質。任何人都無法描述心的本質，包括佛教徒、學者、成就者等，沒有人能確切地說「心」真正是什麼。

並非他們不知道心是什麼，而是因為心不可思議，不可想像，而且不可名狀，如同般若波羅蜜多讚文中所說，總之，它是不可言喻的；因此當我們嘗試去描述它時，我們用一些譬喻，或者我們會說它不是什麼，「它不是這樣」以及「它不是那樣」。如果我們限定自己，以譬喻來說它不是什麼，那麼你將有無止盡的譬喻。

有那麼多可以說，但是你永遠無法真正說出心本身是什麼；因此，所有我們對基或覺受基礎所提出的名相與概念，它們所有都是心本身。我們稱它為「心自身」，稱它為「阿賴耶識」(alaya)或「一切種識」(all-basis)。諸法都歸因於它，我們對它產生無數的看法與理論。實際上，所有這一切，都只是對此當下的認知或覺受的概念與名相而已。

心是一切的基礎

此為一切輪涅之根本，證得菩提及墮三惡道，
流轉中陰投生善惡趣，貪欲瞋恚渴求與執著，
虔信淨觀慈心與悲心，覺受功德地道證悟等，
此諸作者皆是此自心。

此心自身是所有覺受的基礎，因為是它在體驗每一件事，因此，它是輪迴與涅槃的根本或根源。如果認知了心的本性，此認知與心性內本具的功德，就是我們所稱的涅槃，一切事物之源：佛、佛身、淨土等等的一切功德。若不能認知心的本性，此不能認知，此無明，即是所有輪迴、所有苦難，與不自在的本因或根本。

正是此心，在認知其本性時，即證悟成佛；亦是此心，當不認知其本性，並在其基礎上累積惡業時，即墮入惡塗；正是此心，飄盪流轉於中陰；正是此心，經歷各類不同方式的投生，時好時壞，完全由於無法認知自心本性而累積特殊的業報而定；正是此心，由於不識心的本性而產生煩惱，受到煩惱力量的左右而起瞋恨與嫉妒；正是此心在渴求；也是此心淪為貪欲和執著的俘虜。總而言之，正是此心保有或造作煩惱的根本與枝分。

透過對心性某種程度的認知，以及福德的積聚，正是此心，體驗到信心，生起清淨見地；正是此心，對他人感受慈悲；正是此心，生起覺受、證悟，以及道上的所有功德，因此，正是此心，行走於道，並且獲致道上不同的位階與道地；正是此心本身，能真正做到並且體驗所有這些事情。

了悟心性，即斷無明之根

一切繫縛災禍之根源，命脈斷絕諸根似停止，
此義若知且加以修持，一切諸法無不攝於此。

心是一切法的根源，可以說，心是所有束縛與所有災禍的根源。正是此心，因不了悟自性而生起迷惑，故為煩惱捆縛。了悟或不了悟此心的本性，是心經驗涅槃（了悟時），或經驗輪迴（未了悟時）的決定因素。

噶瑪恰美仁波切做了一個譬喻：假使你殺人，割斷人的大動脈；則當他們死時，所有的知覺便停止了。同樣地，如果你了悟心性，斬斷了無明的全部過程，則因為無明就是所謂的輪迴的生命力，因此輪迴的所有苦難與煩惱就全部停止。因此，一切法無有例外，全包含在認知以及培養認知自心本性中，這是一切法的要點。

直觀，如實經驗當下的心

此法無絲毫物需觀修，心勿散亂專注觀體性，
於善勿求於惡勿憂懼，是耶非耶任何勿思維，
或靜或動或明或晦暗，任何顯現直觀其體性。

因為你的心只是在當下如實地經驗著心的自身，因此沒有禪修的對境。在此，只要不散亂地看著心的本性就可以。「不動地看著」(look fixedly at) 這個詞，本質上就是二元的用語，容易引起誤導，因為被看的心就是正在看的心，兩者並非不同。

在如此做的當下，不要希冀一切會進展順利，你將認知你的心性，如果懼怕事情會進展不順，你將變得散亂或失去認知。所以，不需要去想「這是它呢？或者這不是它呢？」你的心是寂止或是動盪並沒有關係。

如果心寂止，它不會永遠保持寂止，因此它不應該有任何關係，甚至那一刻或那一天，你的心是否特別清明也沒有關係。不論你心中浮現任何念頭，只要以強烈或炯炯的覺性，看著任何生起的念頭的本質，「鮮明」(vivid)一詞的意思是「專心一意不散亂」，這是指，不使自己因念頭的散亂，而偏離了直觀本性。這直觀本身是此處的正行。

寂止、馳動與明覺

如是正行修持此法時，無有旁騖安住即名止，
無有停留馳十方為動，止動任現即知是明覺。

這麼做的時候，不同的事情可能會發生。有時候，看著你的心性時，你的心不動，它靜止不動、寬坦平整、寂靜安住，此即是「寂止」(stillness)；在其他時候，心四處流竄，此即是「馳動」(movement)；看的同時也存有「覺」(awareness)的能力，能認知心是寂止或馳動。

顯現雖異體性實為一，止為法身動則是化身，
覺為報身無別體性身，此乃成就三身之種因。

禪修時你體驗到止、動與覺，它們似乎是三件不同的事情。寂止，馳動與能認知此二者的明覺，這三者體性相同，它們是同一心的三種狀態。此處噶瑪恰美仁波切說，寂止心即法身，馳動心即化身，而能了知寂止與馳動的明覺心即報身。因為它們並非三樣不同的事，而是同一心的三種不同示現，它們的全體即「體性身」(svabhavikakaya)，以此意義而言，它們即是三身成就之因或種子。此處種子(seed)意指此心在果位時會被完全展露出來，且認知或熟悉此體性即是解脫的種子的一個事實。

如是止動二者無善惡，是故無須抉擇任現守，
初時宜短數數勤觀照，而後逐次延長作觀修。

由於它們體性相同，無需偏愛寂止勝於馳動，前者並非比後者更好。不要抉擇，只要看著任何生起的本質，不需認為它必須是這一個，而非另一個。當你開始如此修持時，短時間的修持很重要。若你嘗試將修持延長得太久，初時不熟悉的那種努力，會讓你覺得無聊，結果你會變得草率。而坐在那兒時，你會分心散亂。基於這理由，最好在開始時，以很短的時間，觀心的本性。然後當你較熟悉後，你可以逐漸地延長時間看著心性。

此是第五當下初修生圓歌。

這是第五首道歌，對初學者快速介紹「生起次第」與「圓滿次第」兩者的修持方法。

問與答

學生：今天早上您說心從無始以來就是迷惑的，是這樣嗎？

仁波切：是的。

學生：迷惑的哪一個部分能夠指出證悟呢？換句話說，能夠指出證悟之道的那部分在哪裡呢？

仁波切：沒有任何部分的迷惑能指出證悟之道。這是為什麼直到現在，我們還不曾開始踏上修持之道的原因。一旦你聽聞了，而且了解你的認知是迷惑或迷亂，並且當你被指引出如何開始遠離迷惑時，那就是證悟之道第一次被指出的時候。

學生：很抱歉，但是我不了解這個邏輯。或許我是從二元的角度來看，但是如果心一直是在迷惑的狀態，那麼，那個能指出證悟之道的心來自何處？換句話說，我們有兩種起源嗎？是否在某處有一清淨之源，在未來某個時刻能指出不淨的本質呢？

仁波切：由於我們用來解釋這件事的文字，聽起來幾乎像有兩種心或兩面向的心，但是並非如此。心本具不迷惑的能力，以及心無始來的迷惑，這兩者從不曾分離。

對於這一點有個譬喻，但是就像任何一個譬喻都有它的限制，因為那是取材自現實世界，因此不是無始以來就有的。這個譬喻是有關芝麻種子與芝麻油，當植物產生芝麻種子時，芝麻油就包含在內，油與種子並未分離，直到將芝麻種子處理去殼後，才會有純淨的芝麻油。

學生：是的，我了解芝麻種子與芝麻油是同一樣東西，但是必須要有人去壓榨取油啊！

翻譯：所以你想知道是誰去榨取的嗎？

學生：或許它終究會變得明顯。我覺得應該有兩個心，但是您說只有一個。那麼，佛如何形成的呢？證悟是意外發現的嗎？

仁波切：不。佛陀從過去佛的例子發現了證悟之道。釋迦牟尼佛在過去佛面前生起了菩提心，我們這一劫的佛陀在當時是個窮困的人，他以一碗湯供養了過去佛，以此生起了菩提心，那是他最終證悟之因。每一佛都是在過去佛面前先發了菩提心，這是真實毫無例外的，因此，沒有所謂的第一佛。那是無始的，就如同輪迴一樣。

學生：身體是本尊的壇城，還有當我們死亡時，那些本尊離開了身體，遍滿虛空，這些描述讓我十分震撼。以如此的方法來觀想一個人的心續，是非常強有力的意象。是否有方法能夠更完全地培養我們這如此神聖的本具覺知呢？

仁波切：要更熟悉自身即壇城的這種了解，所運用的主要修持，就是觀想你自己，你的身體，為本尊——任何適合你修持的本尊。雖然本尊的數量眾多，他們全包含在五佛部內。本尊的不同顯相，他們所持的不同法器等等，都是五方佛的排列組合。譬如說，本尊經常是五色中的任一顏色，他們全都含括在五方佛之內。

至於報身佛，有五大報身佛剎土，那是五方佛的佛土。五佛部眾多本尊的每一位，都被視為這些特殊壇城或剎土之一的一部分。

當你觀自身為本尊，或者思維身體的本質——五蘊等等，是這些不同的本尊，你並非在假想一些非真實的事，而是在學習看待自己的身體就如同它本始來的本質。瞭解這一點，持有此即是身與心的本質這樣的態度，並且試著憶念五方佛的基本顯相、五種顏色等，你對這些將會達到某種程度的熟悉。

為了要生起身的本質是神聖的，或是本尊的態度，根本的做法就是觀自己為本尊。即使你觀想本尊在你的前方，如同我們有時候所作的一樣，他們並未被視為與你本自不同。本尊被視為與修行者同一，而且他們最後總是融入於你，這種理解就如同在鏡中反射的影像一樣：它們實際上並非兩個不一樣的事物。

詳細地說，讓自己熟悉本尊所使用的技巧是：觀想身體為本尊身、持誦咒語、安住在無概念的三摩地或專一禪定中。透過這些技巧，你就能熟悉在臨終時所發生的三個面向。

藉著觀自身為本尊，而且經由一般本尊的觀想，不論是與自身同一，或是本尊在前方，你可以熟悉本尊的形相。那麼，在法性中陰，當文武百尊顯現在你前方時，你就能認出他們是本尊，而不會錯認他們為邪魔，你會認出他們是你自己的展現，並非你身外的事物。你將知道這一點，因為你已經學習以那種方式去看待本尊，即使本尊是被觀想在你的前方。

藉著持誦本尊的咒語，並且學習認知那些本尊的聲音，其本質就是咒音，你將認知中陰的聲音就是這些咒音。否則，中陰眾生會心生害怕，尤其會錯認忿怒本尊的聲音與咒語為憤怒的兇暴措詞，例如：殺了那個人！鞭打那個人！把他們剁成碎片！然而，經由咒語持誦，你將能夠認出那些聲音為本尊的咒語。

在任何一座本尊修法結束時，於觀想融入後，讓你的心安住在無所執上，試著安住在心性上。如果你真實見到心性，諸法的本性，那麼，由於這個修持，你就可以獲得解脫。即使你尚未得到解脫，當中陰開始之初，基光明現起時，在法性中陰的顯相出現之前，由於你曾經學習培養了與基光明在某些方面相當類似的禪定境界，你仍然有可能認出基光明，而在那時得到解脫。

如此，經由禪修、觀想本尊、持誦咒語，以及離概念的三摩地禪定，我們努力使自己能更熟悉本具於生命之基的功德，如此我們或者在此生，或者至少在中陰時就能證得佛果的解脫。

學生：這是關於法本上提到虹光與光圈的問題。那些光是五方佛

族放射出來的嗎？

仁波切：五光或者說五種顏色的光，它們是五智的自然展現。尤其是在大圓滿的修持中，當你得到如何去看的口訣後，你能實際看到它們，原因是由於五方佛、四十二位寂靜本尊等，存在於你的心中，而心脈又與眼脈相連。

就某種意義來說，本尊的光芒以及五方佛等，從我們的雙眼向外移動，這就是為什麼據說修持大圓滿的人，能真正看到球形的彩虹光或光環，以及小圓圈的光等，出現在他們前面的虛空中。據稱最殊勝的狀況，他們能真正見到本尊執持法器，以及所有各種不同的細節。藉著將覺知一心專注在這上面，他們就可以達成解脫。

因為這些本尊與光芒是本具的，在中陰經驗的一部分，很自然地，你將確實看見他們顯現在你前方。事實上，我不是特別了解這些，但是我根據法本來推論，以回答你的問題。

學生：「頓超」是什麼呢？

仁波切：由於我自己不曾由「脫噶」(tögal)的修持得到任何證悟，我無法向你描述那是什麼，但是從法本上的字語來推斷，我認為那是一種方法，藉由那種方法，基中本具或者任運自成的功德，就能成為此生直接體驗的對境。

學生：關於死亡與中陰，我有兩個問題。首先是關於修行淨光的人來到中陰的問題，該修行者能見到基淨光嗎？或者開始就見到本尊呢？接受過這種訓練的人，其經驗是什麼呢？既然淨光是他們的修持，他們會那樣去面對它嗎？

仁波切：若經由淨光的修持，他們有能力認知基光明，因為基光明最先出現，他們在那一刻就會獲得解脫。假使一個人認知基光明而得到解脫，接著而來的任運存在的淨光，即所謂的法性顯現，包括本尊等，對那人來說將不會出現，因為他們已經證得解脫了。

如果在基光明階段沒有得到解脫，那麼，顯相會逐漸變得粗劣。首先，會有五色光、明點，然後是寂靜本尊等的顯現。假如在那階段沒有認出，接下來本尊就會顯現為忿怒本尊，而要認知它們也會越來越困難。

學生：是什麼能令人感知到本尊、明點與光圈呢？觀修這些本尊就能熟悉嗎？

仁波切：能感知這些的條件是，個人的氣脈，以及身內本具的寂靜尊與忿怒尊的特殊結構。

翻譯：你是問實際上要做什麼，才能令此發生嗎？

學生：是的。

仁波切：一般說來要看你在法道上的修持狀況，然而沒有辦法確切保證有多少會真正的顯現。

學生：換句話說，沒有什麼技巧，譬如像某類四加行，或某些咒語，或祈請文那樣的技巧？

仁波切：坦白說，我不是特別了解大圓滿，因此我不清楚細節。然而基本上，這是大圓滿的主要修持。要修持該法門的人必須先完成前行法，接著修持大圓滿的正行，這些顯相就會生起。但是我所知的僅止於此。

學生：那麼，是否那是修行人應該去追求的呢？或者它只是現存的眾多法門之一？

仁波切：那是眾多法門之一，至於它有多重要，則視個人而定。對該法道有強烈虔敬心，並且了解、具慈悲與精進去修持它的人而言，它可能特別的重要。然而對其他的人，它可能不是那麼重要。況且並沒有保證，只要試著去修就一定能成功。

二 止觀實修的覺受

第六首道歌

覺受生起與消除障礙

根器與覺受

第六首道歌是關於覺受的生起。

耶瑪霍！今時概略講授者眾故，僅能了知入門者增多，
現世誘惑外相引歡愉，無常死苦未能入深心，
於彼停於知解者極多。

時下，由於有眾多上師傳授簡短教本的開示，因此許多人對佛法多少已有些了解。這個現象在我們這個時代同樣也是事實，此處的「時下」主要是指噶瑪恰美仁波切撰寫此書的年代與地區。

十七世紀，在他居住的東藏地區是被一位觀世音菩薩化身的國王所統治，那位國王篤信佛法，並且精進地修持，因為這位國王的緣故，在囊千境內，那個地方稱作「拱地」，「拱地」(Gomde)通常表示「禪修團體」或是「禪修中心」，你可以說那個地方就叫做「禪定修持中心」。當時在該地區有許多佛法的活動與教學，因此人們通常都聽聞了許多開示。噶瑪恰美仁波切在此處談到的問題是，人們聽聞了教法，但是卻不曾充分地修持，以獲得直接的經驗。

許多人對佛法有了初步的認識，但是由於無常與死亡的感受，從不曾深透他們的心，而且因為諸事順遂時，一切是如此地美好與誘人。他們被此生的顯相誘惑了，大多數人對法的認識，都僅止於瞭解而已。

這裡指出的問題是：我們接受了教法，並且有了初步的正確了解，但是因為我們沒有足夠的出離心，因為我們仍然在否定無常與死亡，此時我們正處於順境，感到十分舒適，因此我們被舒適的短暫境況欺矇了。我們丟失了任何曾有過的出離心，假如我們曾經有過任何出離心的話。因此我們缺少了激勵，不想真正去超越那初步的了解。我們僅僅滿足於只是將它當作我們知道的事情而已。

▌避免習聞教法而變油滑▌

雖多聞教油滑不為動，無畏罪業行比常人惡，

常尋過錯於他聞教者。

這是個問題。雖然你接受過許多教法，但卻變得油滑毫無感覺，「油滑」的意思是指你習慣於聽這些名相、教法與開示，但這些再也不能打動你的心。事實上，你比一個從不曾聽聞這些教法的人更糟糕，你對於這些教法變得不為所動，由於你對佛法的熟悉，使你好像打了一劑預防針，產生抗體而抗拒教法一般，即使將來你再次接受這些教法，但因為早已聽聞過，你會認為：我早已聽過了，沒啥新意，你不會深入去探究其中的涵義，來突破粗淺的了解，這就是油滑的意思。

接下來是個更嚴重的問題。由於對佛法如此油滑或不為所動，實際上那會讓人的行為，多少比沒受過佛法訓練的人更惡劣。你聽過太多善業與惡業，變成習慣性地忽視它們，因此你甚至再也無法受到這些想法的影響，你自視是修行人，然而實際上卻不避諱行惡，你的行為比一般非修行的人更不受控制。

更糟的是，你挑剔其他接受教法及修行的人，由於你接受過這些教法但沒有任何的成就，當任何時候其他的人接受這些教法時，你就會冷嘲熱諷，你以自己的油滑與卑劣來臆測，並且認為他們與自己一樣差勁，或者可能更糟糕一些，當其他人領受這些教法，並試圖去修行時，你對他們沒有信心，不給他們機會。你不會認為：他們也許能獲得某些成就，你只會想：我知道這一切，我做過這些，我已聽聞過這些，我知道那會導致什麼結果，他們就只會像我一樣又糟糕又沒希望！

時常保持對輪迴的厭離心

禪修之足厭離心乏少，猶如識途卻不起而行，
無法得謁覺沃佛等尊。

問題是，我們對輪迴沒有厭離心，然而這卻是禪修的基礎。如果你知道去某個地方的路，但卻不真正上路，你就無法到達那裡，舉例說，假如你知道去拉薩朝拜覺沃(Jowo)佛（編注：即釋迦牟尼佛12歲等身像）的路，但卻從不啟程，你是見不到覺沃佛的。特別舉這個例子，是因為對西藏人來說，最神聖的朝聖地是拉薩的大昭寺。你可能知道要怎麼去到那裡，但是如果從不展開旅程，你將看不到他的。

同樣地，你可能知道用什麼禪修方法能認知心性，但是如果不真正修持這些方法，只是把它們當作理論來了解，你就永遠見不到你的心性。

上根器，不捨世間而修行

於彼根器有三上中下，上根無須捨棄世間行，
修持融合世間之行止，不捨塵欲轉為道妙用，
猶如君王因札菩提然。

一般來說，人的不同根器通常可分為三類：上等根器的人、中等根器的人，以及下等根器的人，從下面進一步的解釋，你將能了解，它並非真正如文字表面所呈現的那麼簡單。

對於最具敏銳根器的人，他們無須放棄世俗活動，這類真正不需放棄世俗生活的人，是具有最上等根器的人。

這類人能很有技巧地將世俗的行為與修行結合，事實上，他們能同時進行活躍的生活與佛法的修行。由於他們的能力，他們不需要刻意放棄聲色的享樂，因為他們可以將這些經驗導入道用，這類經驗不會妨礙他們對心性的認知。最常見的例子是鄔地雅那的國王因扎菩提(Indrabhuti)，他是佛陀時代西印度國的統治者，從佛陀處領受了教法，他沒有放棄國王的角色，也沒有放棄君王的生活方式，卻在一生中證得金剛總持的境界。

在西藏傳統中，這類人的一個例子，是馬爾巴尊者。馬爾巴也是那種你無法分辨事實的一個例子。如果沒有進一步去認識的話，你可能會認為馬爾巴是一個非常頑固、跋扈、愛支配人，並且顯然很容易發怒的人。他有九個妻子，七個兒子，然而從他的生平故事裡，我們都知道，就在他臨終前，他的八個妻子化光融入達美瑪(Dakmema)，她接著化光融入馬爾巴，而馬爾巴則將他的神識，以如同蛋般大小的五色光球形式，從他身體射出，進入空行淨土。在這之前，除了他偶爾施行的一些神通之外，對那些住在他周遭，但不是他弟子的人們眼中，他看來只像是個頑固粗暴的人而已。

當然，將這三種生活方式與三類根器畫上等號的問題是，我們都想要做第一類的人。

▌中根器，出家受供養▌

中根須捨多數世俗行，修持當如出家僧眾然，
收受飲料食物及衣服，印藏班成上師屬此類。

在此理論架構上的第二類是中等根器的人。這類人應該放棄大部分世俗的行為，基本上這是一種妥協，而妥協的是寺院的修道生活。

這類人會剃度出家，在那環境下修行佛法，這是一種妥協，因為雖然他們在穿與吃等方面受到約束，但他們仍然有足夠穿與吃的保障，這不算是徹底的出離，而是適度的出離。這種人仍然會留意有足夠可吃、喝與穿的生活。大部分印度與西藏的班智達（學者）與成就者，以及大部分歷史記載上的喇嘛與上師的生活方式都屬此類。

▌下根器，盡拋衣食與世俗▌

下根器者分心義不成，無法兼顧法與世俗行，
修持拋棄衣食此世心，密勒噶倉等師傳記是。

第三類是最下根器的人，這容易令人產生誤解，因為真正最下根器的人，不可能做到此處所建議的事，那些最下根器的人，如果分散他們的注意力，他們將無法達成目標，他們必須專注於一件事情上，而且僅能是一件事而已。

這類人不可能在修持佛法的同時，還兼顧到世俗的行為，因此他們寧願完全放棄此生所有的掛慮，這比一般寺院僧侶的出離還更徹底，因為他們甚至會放棄是否有足夠飲食與衣物的顧慮。這就像密勒日巴尊者、噶倉巴大師，以及許多其他噶舉傳承中的著名人物，他們專心一意、徹底出離地修行，在一生中證得金剛持的境界。

比較第二類與第三類人的生活方式，並非第二類的人沒有出離，而是第二類的一些人不受事物本身存在的干擾。不像第三類的人，他們不會刻意放棄每一件事，他們只是滿足於任何他們所擁有的，如果他們有食物與衣服，他們不會為了要捨棄一切，而將它們丟棄。舉例來說，在噶舉傳承的一些道歌中提到，食物與衣服是不相干的——能擁有很好，沒有也很好。這種說法是第二類型的特點，至於第三類型則是全然離棄這一切，甚至不會擁有我們認為是最基本的必需品。

根器雖異，精進實修則生證覺

彼三任選修行須持續，莫棄修行覺證將現前。

你可以選擇三類中任何一類的生活方式來進行修持，但是你必須堅持下去，你必須持續精進的修行，假如你精進而不放棄，那麼覺受與證悟就會生起。

雖然人的根器不同，或著接受度的層次不一樣，但如果有一位證悟的上師能指出他們的心性，而且如果他們有直接的認知，或至少有好的覺受，則所有此三類型的人，都具有基礎可持續修持大手印。

換句話說，若此三類中任一種性向或根器的人，不捨棄或放棄曾經被指引過且認知的心性，而以修持來培育它的話，則大手印的覺受與證悟肯定是會生起的。事實上，不生起覺受是不可能的，然而，由於有這三種不同類型根器的人，因此生起的覺受沒有一個絕對不變的順序。

生起覺受三類人

由於各自根器之差異，一人所生他人或不生，

如果一位上師對一百個人開示，每一個人在道上進展的方式將略有差異，通常我們可以說有三類的人，以及三種生起覺受與證悟的方法。理由是因為人們對於教法的業力習性程度不同，以及修行時精進的程度也不一樣的緣故。

這兩者是決定進步迅速與否的主要因素，因此構成這首道歌的其他部分，有關覺受的描述，也就不會是一成不變的，對所有的人來說，進步的方式不會完全相同。

或有初修即生大覺證，或有時生他時則力竭，
或有次第生起漸轉佳，然而漸生次第應宣說。

有些人一開始就有很好的覺受，而且直接向著目標進步。第二類人有時候可能有好的覺受，然而其他時候的經驗則很糟，他們幾乎覺得要放棄了！如果覺受與修行起伏不定的人能持續修行的話，他們就能超越這些起伏，持續朝著證悟前進。

第三類人，顯然是最普遍的，他們逐漸地進步，初時沒有覺受，然後漸漸地，他們生起的覺受與日俱增。雖然有此三種不同類型的修行者，噶瑪恰美仁波切在此處提出一組典型的覺受，這是第三類修行者可能生起的，因為那是最常見的。

止的覺受層次

▌心念紛飛時：強調身要，鬆而警覺▐

初時心不調服無刻安，四處飛馳種種念頭生，
彼時挺直軀體鬆鬆坐，觀照念頭去處遠監視，
心必轉回可稍微安住。

在領受了直指的口訣而開始禪修時，你最初的經驗是：心，甚至連一刻都無法維持靜止。事實上，你的念頭似乎更多，或者你的心比未接受指引與未嘗試修持之前更難控制。你的心四處飛馳，而且似乎毫無理由地想到任何一大串事情。

當這種經驗生起時，對治的方法是，強調身體的姿勢。要確保你的身體姿勢正確，然後放鬆身心，而在放鬆的狀況下，你必須確立警覺的機能，它有時候被稱做「觀心的密探」，有時也被稱為「觀者」，意思是彷彿你從遠處觀看著你的心，你看著它，而不企圖去操作它。以正念來觀照心的動馳，那似乎離你而去的心，念頭、對境等等，會由於這無作的正念而回轉來。當它回轉來時，心會停留安住片刻，當你持續修持時，心安住的期間，其頻率與時間會開始增加。

看著動靜兩種心：能見是止，悟空是觀

動靜兩者皆是止禪修，本質為空能悟是勝觀。

心的這兩種狀態，感受安住的寂止心與感受念頭波動的馳動心，是止禪修覺受特性。然而，倘使能直接見到這些覺受經驗的本質，即靜止的心與動馳的心的本質，為非實存，是空性，那麼這種認識是「觀」。

簡單來說，「止」是心在靜或動時的覺受，而「觀」則是靜與動兩者本質的認知。一個人認知此本質如同水中月，或如彩虹般，它是或動或靜，或有念或無念的清晰顯相，但其本質則無實質或無實存。

動、靜、空無別，即是止觀雙運

或動或靜或是為空性，了悟是一無別即雙運。

況且，當你認知動或靜的本質——空性、靜、動，不是三件不同的事情，而是不可分的一體，是「止觀雙運」。

如是悟後而行修持時，有時安住輕安清明時，
認此是我之心生喜樂。

當你瞭解所要修持的是什麼時，亦即當你有了止觀雙運的體驗，而且在修行時，有時候你會發現心非常平靜地安住，似乎無須用力，心就平坦安住。當那情況發生時，你可能會認為「這是我心的覺受，這安住的心，這平坦安住的心，就是被直指的心之本質。」想到你已經認識了心性，當然是很歡喜。

心不安時，觀察來去與生滅

有時如風攪動念紛飛，迷惑掩蔽觀而無所觀，
念及此非是彼心不喜。

當然，其他時候你的心將不會安住，它彷彿被風擾動般，激盪不安，心會狂野地四處亂竄，有時候它甚至會糟糕到，當試著觀照心時，你無法找到你正在尋找的心。因為你的心充滿了激動的情緒，你甚至不記得你正試著在做什麼，那情形發生時，你或許會認為：「噢！不是這個啊！我曾有過的，但現在都丟失了！」而對自己很不滿意。

彼時妄念任顯辨一念，是念從何而生與何往，
何住觀不可得是空性。

當你的心動馳不安，無法看清它時，這時試著從湧現心頭的眾多妄念中捕捉一個念頭，察看那個念頭來自何方，停在何處，當它消失時，又去了何方。當你審視這三件事時，你會發現念頭不來自任何地方，甚至當它好像存在時，也不存在於任何地方，而它也沒去了任何地方。換句話說，念頭的生、住、去，全是空性。

念皆空性，超越對止的偏愛

譬若剖一竹節而審視，了知一切竹節內皆空，
如是了悟一念性空時，一切念頭與彼相同故，
不因靜喜亦不因動悲。

如果你能夠直接從觀察任何一個念頭的經驗中認識到這一點，那麼，實際上就會改變你對所有念頭的感受。舉例來說，如果你走進一大片竹林內，劈開一節竹子，發現竹莖是中空的，你知道所有的竹子都是中空的，你無須再四處去劈開每一節竹子。同樣地，一旦你了悟任何一個念頭是空性的，由於所有的念頭都有相同的本質，你就能夠超越對「止」的偏愛。偏愛「止」的意思是，你認為心安住很好，而心動馳，也就是念頭生起時則很糟。

猶如水與水波二無別，動靜無別任顯觀體性。

一旦你認知了念頭的本質是空性，你就不會再有好惡的分別。因為安住的心與念頭浮現的心，它們彼此間的關係，就如同水與水面上波浪的關係一樣，波浪不過是顯現為波浪形狀的水本身而已。因此，無須分別動與靜，只要直接看著心中生起的任何事物的本質。

掉舉時鬆身心，昏沈時提正念

復若掉舉身心應鬆放，若昏不明則須緊密觀。

有時你會發現在觀修時，你的心狂躁動盪，在這種狀況時，放鬆身與心。有時候那種煩燥來自於過度嘗試集中或專注。其他時候你會發現你的心呆滯、不清楚，而且你可能感到疲憊不堪。當那種情況發生時，你必須提醒自己振作一些，這表示你應更加用力於警覺性與正念上，同時你目光的凝視與身體的姿勢也要更有精神些。

住相現前時，即是「止」成就

之後某時驚動心漸泯，安住樂明心念時或起，
念雖現起迅歸於寂止，彼名稱為欲住於寂止。

最終，經由如此的修持後，你發現掠過心頭的妄念減少了，有時候你的心平坦安住；其他時候浮動念頭會生起，但即使念頭生起，它們很快就又再平息下來。你的心迅速回歸靜止，這是「住相」(appearance of stillness)，也就是「止」真正出現於心，而且是「止」或「息涅」(shinay)成就的開始。

心住於止的四種狀態

爾後若能持續此修持，清澈潔淨鮮明與開闊，
譬若湖水不為波浪損，短暫驚動雖起而無害。

當你以「止」的經驗為基礎持續修持時，你心的狀態最終將具有四個特點：

一，清澈：第一是「撒列瓦」(sallewa)，即「清澈」(limpidity)。在此處，清澈的意思是你所經驗到的心並非實體，它就像完全透明的東西一樣，但在此，它遠超過透明，它是完全沒有任何譬如像粒子一般的實質的。

二，潔淨：第二個特點是「新涅瓦」(singewa)，即「潔淨」(clean,pure)。意思是指清淨無任何造作的特點。你體驗到的心，不僅無任何的實質，而且這種無實質的體驗，不是你強加上去的，它是一種直接的體驗。

三，鮮明：這種經驗的第三個特點是「舍給瓦」(hrigewa)，是「鮮明」(vivid)的。

心的體驗是如此直接，以至於能知的覺，亦即能經驗的心，與被經驗到的心性兩者之間，沒有任何念頭的生起。它是如此的清明且無念。

四，開闊：最後「耶瑞瓦」(yerewa)，即「完全的開闊」(completely open)。
意思是指無概念，其體驗不受限於任何強加的概念、妄念或造作的意象。類似這樣的一個例子是，你體驗到的心就如同海洋，它不受表面存在的波浪所影響，在海洋表層上，海浪的波動不會影響海洋深處。同樣地，雖然此刻念頭依舊會生起，但是它們不會損害到你的禪修，或是讓你分心。

有時似彼有時則不似，有時身要雖具禪修難，
有時雖未禪修而彼生。

這種體驗不會一直生起，它時有時無。有時候你試著要禪修，不去在意是否有這種深度的覺受，但是你似乎連正確的打坐姿勢都無法忍受；其他時候，即使你不禪修，這種覺受卻毫不費力地生起。

生起樂、明覺受，夢中心亦清明

爾後安住身心樂明中，日常行止威儀不能損，
愛樂禪修與趣由此得，有時雖於夢境亦能持。

當心靜止不受損害或紛擾的覺受增強時，它首先會在精神上出現安祥寧靜，接著是感受到身體的輕安，或喜悅感覺。因為心安住了，你開始感覺很好，由於那種力量，你大部分的日常活動將不會影響到定或止的境界。異常的狀況仍然會影響到它，但是你基本的、平常的活動不會影響到它。

此時，想要禪修的不造作熱情會生起。在此之前，你基本上或多或少都有點強迫自己去修行，過去你修行，不是因為你感覺它很好，而是因為你知道那對你有好處，現在，你即使想不修行都無法停止，因為那是如此自然，如此美好。此時甚至在夢中，你都可能體驗到這種禪定境界，而其他時候在夢中，你的心將十分清明。

禪悅還在輪迴中，別貪執禪定覺受

心思自之覺證極美好，堅固貪戀執著由彼生，
慎勿於彼貪執觀體性，顯相樂與體性空二者，
無別即生樂空大手印，若貪且執欲界天之因。

由於這種喜悅的平穩境界，比你以前所經驗過的任何事，都更愉悅與強烈，你會認為它即是證悟，而且你的覺受與證悟都很美好。一旦有那樣的想法，認定此種境界即是證悟之境，或者是目的本身，你就已經產生了強烈的執著，渴求這特殊的禪定覺受。這是世間與出世間禪的分界線。

無法引領我們超出輪迴的世間禪與解脫之源的出世間禪，其基本差異是：世間禪具有貪執，或執著於禪修的覺受，這種深度安樂的覺受，被視為是你試圖維持的目的本身。

至於出世間的禪修，這種安樂的覺受是禪修必然的一部分，但它並不是目的。它僅只是一種工具，當這種覺受生起時，與其開始執著它、渴求它或貪戀它，不如看著能經驗到它的那個本性，看著正在體驗安樂的那個心或覺知的本質。當你如此做時，你領會到安樂的顯現或顯相與其空性本質，不是兩件不同的事，它們是不可分的。

這是大手印樂、空的覺受經驗，是安樂與空性本質的雙運。如此，若你不執著於覺受，則它將成為一個絕佳的機會，如果你真正執著於此，如果你貪執於安樂的覺受，並且渴求這種覺受，則這種對喜樂或強烈安樂執著的禪修狀態，將變成投生為欲界天人的因緣。

念頭不是敵人，別追求無念

或有視諸念頭若怨敵，毫無所思方認是禪修，
此稱漢地和尚之見地，毫無所思而缺少正念，
似是寂滅然是旁生因。

對某些人在不同時候會生起，而對其他人也是經常會產生的另一種經驗是，把念頭看成敵人。此包括將禪修認為是一種沒有念頭的狀態，因此將妄念視為某種必須要消滅或去除的事情。當你把念頭設想為禪修的敵人時，你會自然地認為，只有無念才是你想達成的禪修。

你認定你的目標是無任何念頭的境界，那可能是一種無憶念或無任何覺知行為的狀態，這是一種不正確禪修境界的認定，被稱為「漢地和尚的錯誤」。

當這種情況發生時，你體驗到的是任何念頭都不想的境界，沒有覺知或正念認知——你的心完全空白。這種境況類似於滅的境界，只是它不是解脫的滅，而是投生為畜生之因。如果你精勤修持的禪定包括的只是「不思想、不覺知」，這將導致你轉生為畜生。

別刻意收攝根識，小心「假寂滅」

雖有意識但卻乏正念，意識收攝於心而住留，
此謂寂滅是為聲聞道。

另一種可能發生的情況是，你仍然將禪修的境界當作是一種無念頭的狀況，但是它比之前的錯誤稍微複雜些。在這種情況下，有某些程度的正念存在，或至少有觀照心的能力，然而你不以自己的正念，在不企圖操作念頭的狀況下，適當地去觀照心中所浮現的念頭；相反地，你以那正念作為一種力量，將自己收攝於一點上。基本上你所作的是，嘗試將心往內收攝；你試圖收攝所有的根與識。

如果這一點做得很好，你就會達成將所有的「識」全收攝入你心中的狀態，這是很危險的。它可能引起一種傳統稱之為能量或氣的病症，也可能導致精神錯亂。即使你達到這種境界而沒有生病或錯亂，它稱為「假寂滅」，不是真正聲聞或緣覺阿羅漢的寂滅，但它類似那樣的境界。你可以住留於那種境界中數劫之久，但最後當你從那境界出來時，你並不曾證得阿羅漢果；事實上，你什麼都沒有證得。

有些故事是關於一些人能深沉地住留在那種境界中，在他們的心間僅維持著微細的循環，並且只要那樣持續下去，他們就可以一直停留在那種境界中。

觀的覺受層次

不阻念、不生念，直觀心本質

是故念動莫特意遮遣，勿特起妄任顯觀體性，
觀時任何實事不可見，彼時即見勝義之空性，
猶如無見性中無所見。

不要嘗試阻止念頭，不要試著去阻擋它或不讓它生起；同時，也不要嘗試思維，不要嘗試提起念頭——認識這兩種禪修時可能發生的錯誤，就只是看著你的心的本質，不要企圖去影響或操作任何心中生起之念。在看著的當下，如果你確實見到無實質，無任何可想像之事，就是見到空性，是勝義諦。

當你看著心時，見到無任何實質體(seeing no substantial entity whatsoever)，就是見到空性，或見到勝義諦，這表示你見到心，如其本然。心沒有實質的特點，例如顏色、形狀、大小或位置；因此真正看著或觀照心的本質時，是沒有任何事物可以被見到的。

況且，我們必須說，它也不是正常意思下真正「看見」的含意。不僅它明顯地不是我們可以親見到的某樣事物，而且那個能觀察或體驗心的就是心自身。並沒有一個不同的能知的主體，在覺知或經驗另一個被認知的對境。因此，就某種意義來說，使用「看見」(seeing)這個字是會令人誤解的。當我們說，「看見心的本性時」，它真正的意思是，心安住在無任何概念或執著造作的境界中，並且在如是安住時，能體驗到心自身如其本然。當你初開始有此體驗時，覺受是斷斷續續的。

覺受粗重時，放鬆身心觀虛空

有時雖觀模糊不明顯，馳動迷離內心不喜樂，
於此禪修猶行無定向，猶豫念頭思想間或起，
此是粗重覺受非為惡，身心鬆坦凝視注虛空，
觀看藍空與己心融一，心之濁垢澄清空明現。

其他時候覺受會截然不同。有時候你看著你的心，而它全然不清楚、模糊且激動。當你經驗到心模糊不清，並且覺得無法直視心的本質時，你會感到不開心，你覺得你已失去如何修行的知識，甚至找不到禪修的方法；因此，當這種情況發生時，你將感到特別困惑。這沒有什麼不好，它是粗重的覺受(experience of roughness)或激動，僅只是另一種正常的禪修覺受而已。這種覺受本身不是問題，正如同正面的覺受一樣，它們自身並不是目的。

這種情況發生時，放鬆你的身與心，特別是將你的目光朝上，凝視虛空。假使你處身在一個可以見到天空的地方，尤其那是個晴朗的日子，那就專心凝視藍空之中，並且將你的心與所凝視的天空融合為一。當你如此做時，你實際上是在看著無法被觀看的事，某件無垠且無實質的事物。如此做，你將心的清淨面向（即覺知或不迷惑的面向）與心的濁垢區分開來。此處「心的濁垢」(dregs of mind)是指心的迷惑或無明的面向，結果，你將體驗到明空雙運。

直接體驗明、空、覺，謹防生慢心

有時明空覺三朗朗然，自覺證悟高超我慢生，
乃至誰亦難撼定見生，彼時定見若為我慢伏，
彼即出生色界天之因，直觀明覺體性即空性，
明空雙運生為大手印。

有時候你的心似乎是空的明覺，而心的三個面向——明、覺與空性，明朗朗、赤裸裸地同時出現，那表示它是直接的體驗，而非僅是概念性的經驗。由於你同時體驗到心性的幾個不同面向，你會認為這是高層次的證悟，因此生起慢心。你甚至可能對自己的證悟生起相當程度的信心，以致於無人能改變你的心意，沒有人能說服你有任何錯誤。假使你陷入慢心，堅信你所認知的就是心的究竟本質，那就成為投生色界天人的原因，因為你主要的執著是能知的明。

在那種情況下，與其緊抓住生起的覺受，不如直接看著能知的明之本質。你將看見它是空性的，而這將使你的大手印體驗成為「能知的明」與「空性」的雙運。

覺受偏空時，慎防墮惡行

有時身心萬物皆空性，觀見一切皆空高談法，
猶如虛空不為他所染，善惡利害皆作無義想，
行為粗魯善行不成辦，昏沉空見趣生惡道因，
此即所謂空性之謬見，如是若見一切法皆空，
守護本覺勤因果取捨。

另一種可能生起的覺受是空性的覺受，一切事物似乎全然是空，似乎沒有一樣事物有任何實質的存在。你覺得自己的身體是空，心是空，而且由於每一件事都是空，你會說起佛法的高階語言，並且有意使用各種各樣的術語。

認為一切就只是空，你便會進一步斷言，正如虛空不受任何發生於其內的事物所傷害或影響，什麼都沒關係。善行沒有利益，惡業也沒有錯誤，兩者任一都沒有真正的作用。接受那樣的見地，你的行為會變得粗野，你將試圖表現得彷彿自己是個大成就者，認為自己是個偉大的瑜伽士或大修行者。

如果你接受這種空性的虛無見解，因而不致力於善行，這種全然空無或頑空的見地，將導致你投生惡趣。空性的見地可以戰勝這一類見解，關於這一點，有這樣的說法：「執著實有者，迷惑如牲畜；但執著虛無者，迷惑更甚此。」

如果你執著於實有，正如我們通常所做的那樣，有一個可能的對治方法，就是培養無實有的覺知，可以對治對實有的執著。相反地，如果你執著無實有或虛無，那就沒有對治的方法了。岡波巴尊者說：「當你的見地變得如虛空般寬廣時，要確保你的行持如同麵粉般的細密。」當你禪修的覺受越提升，見地越升高時，你必須越注意小心你的行為，並且確保道德價值如同麵粉一樣細密。當你經驗到並且見到一切皆空，只需守護你所經驗到的本質，不要將它概念化，並且繼續努力持守正當的行為，避免不適當的行為。

覺受來去、念頭多少，不再障礙禪修

如是各種次第之覺受，長時停留或迅速消逝，
不住一體如虛空變化，

所有這些各類的經驗，不同量的妄想、安樂、覺明、無概念、粗重等等的經驗，對於不同的人，會有不同程度的生起，其時間長短不一。有時候，一種覺受會持續很長的時間；有時候僅短暫的存在。那是你心境的變化，正如天空中的氣候在日、夜、陰、晴時的改變一般。

如是即或妄念未曾滅，妄念雖多無礙於禪修，
似雨降湖生起為禪修。

最後，當你開始超越這一點，即使念頭的數量並未減少，但是念頭將不再危害你的禪修狀態，它們不會干擾你，就像一棵樹的根，即使上端的樹枝被風吹得四處搖擺，也不會影響到樹根。此時，念頭實際上開始顯現為禪修，彷佛如雨滴落到湖面一般，由於湖水和雨同樣是水，它們無分別地融合在一起，兩者並非對立的。一旦念頭不再是禪修的障礙，你便無須交替地修持「生起次第」與「圓滿次第」。

念頭不再擾心，生圓可以同時修

復次生圓無須交替修，修持不離空性之精要，
自身觀為本尊大悲身，猶如彩虹出現於虛空，
六字明咒輕誦僅可聞，不捨三要修持為平易。

通常，我們先修持生起次第。我們生起本尊的形相，然後在生起次第結束時，本尊形相融入空性中；接著我們修持圓滿次第，安住在心性中。當念頭本身不再干擾禪修或令你分心時，你就可以同時修持生起與圓滿次第。這表示當你能時時保持空性，或是心性的認知時，那即為圓滿次第的主要修持；在那種狀態下，你可以觀想自己的身體為自己的本尊，此處是觀世音菩薩。

你觀自身為本尊，全然無實質，但形相極清晰，如同空中彩虹般顯現。維持那樣觀想的同時，也持續保持著心性的認知，你輕聲低誦六字大明咒「嗡嘛尼唄美吽」，僅在你的衣領附近才聽得到的咒聲。這是簡易的修持方法。

雖然你尚未證得大手印，但是你已經有了些許初步的經驗。一旦你達到那樣的地步，你就能夠結合生起次第的修持與圓滿次第的修持為一修持，你同時觀自身為本尊、持誦咒語、並且安住在持續認知自己的心性中。

平易修，憶持即生體驗

禪修之時無有諸困難，僅生憶念禪修即成辦，
彼即所謂修持平易行。

「修持平易」(Ease in practice)指的是你的修持階段，只要憶念或希望，很容易就能將心性的經驗引出。修持平易是指在那刻，修持變得直接方便，不笨拙。這不表示此刻你已經獲得決定性的認知或證悟。

▌觀器世間，似堅而無實▐

復次當觀地石山岩等，一切猶如輕煙與薄霧，
各自明朗而見自性空。

噶瑪恰美仁波切繼續描述著標準的覺受。當你看著器世間，例如大地、石頭、高山及岩石，簡單來說，當你看著事物時，它們十分清楚地顯現，但卻無實質，如霧一般。霧(mist)不表示它們在移動，它的意思是，當你能看見霧而且確實看到它在那兒時，它看來似乎不堅實或不具實質，同樣地，在這階段，當你看外界的物體或顯相時，雖然它們個別的顯相，一如往昔般的清晰，但你看它們卻是雖現而即空。

▌心融虛空，萬物即心、心即空▐

心與虛空融合無別時，思維虛空遍處心即遍，
思維一切皆心心無實，思維一無所有之空義。

你將開始覺得你的心已經擴展到不再侷限或集中於一個視界，彷彿它已與虛空混合。你感覺到只要有虛空之處，就有你的心，你的心遍滿虛空，同時，因為你覺得你的心遍滿虛空，且遍及一切顯現，你可能會產生一種萬物即心的覺受；而既然心性是空，所以一切是空，任何一切無不是空。

在所描述的第一個覺受中，你感覺你的心遍滿整個虛空；第二個覺受是，因為心無一物，因此一切均無一物，因為外在事物，甚至連一個原子都沒有真實的存在，所以沒有真實存在的外在事物。但儘管無一物真實存在，你可能同時覺得事物並非不存在，它們以其特殊的風格或形式顯現。

執著空性體驗，投生四無色天

存有非是實法無一塵，無有非是萬法紛然現，
非有非無思維二為一，若為此等堅實執著縛，
誤入無色界四天歧途。

你可能會認為萬物既不存在，也不是不存在，因此，你認同諸法的狀態或本質，是一種既非存在也非不存在的事情；然而，你仍然認同它是某種超越這兩者之事的境界。如果你強烈地執著於這些經驗，認為你的心遍滿虛空等等，那麼，這就成為誤入四無色三摩地的歧途。它聽來很像是大手印的了悟，但它不是，那是一種岔路，它發生在當你執著於這些經驗，認為它們是心所可想像的事物，在心中事情可以像這樣，或像那樣時。視你執著於哪一種，此導致投生於相對應的無色界天人中。

能觀所觀、心與心性合一

若無執著諸法之定見，無執任顯直觀其體性，
由是觀者所觀二無別，所觀能觀所修能修泯，
如平常中此是彼是無。

解決的方法是，不要有概念性的定見，或對事物的評價，認為它們應該是這樣或是那樣。不論你的覺受如何，你不該以那種方式去執著事物，或用任何概念去標示它們。不管任何事物生起，只要坦然地看著它們不帶偏見，並且清楚地看著它們而不概念化其本質。

直視任何生起事物的本質，而不去執著它。傳統的譬喻是你應該像一面鏡子般，一面鏡子可以變成任何的事物，但是鏡子對它所映射的事物沒有意見，它僅是映射。就像那樣，你要保持清楚的覺受，而不要把它作為執著的助緣。

最終，觀的對境（即心性）與觀者（看著其本性的心）將混合為一。在此之前，仍然還有一種感覺：被觀修之事與觀修者是分離的。一旦二者合一，就不會再有「這個在禪修那個」的分別或感覺，而且你開始感覺十分的平常。由於能認知的覺與被認知的本質之間沒有區別、沒有概念等，禪修的覺受比起從前變得更為平常。

無修的覺受層次

時或安住平常心之中，再無任何可作之時現，
往昔樂明無念亦不再，少聽聞者錯認失禪修，
憂慮似昔來否或不生，慢心大者思此為無修，

有時，在禪修的當下會有一種經驗，感覺你的心只是保持在一種完全平常、很普通的狀態，而且似乎你可嘗試去做的各種禪修方法都已耗盡。此刻，由於禪修的能、所分別已然消失，因此不再有任何具體的覺受。你不會有以前所感受到的樂、明或無念的覺受。

如果你聽聞較少，也就是說，如果你尚未曾接受過許多教授，而你已達到此境界，因為它是如此平常，你或許會認為你已失去了禪修。先前你有很好的禪修覺受，但現在只是完全平常，你可能會認為你已完全走錯了道路，但並不是這樣的。

如果你這麼想，你就會懷念以前的覺受，你會希望仍然擁有那些令人印象深刻的覺受；而且你可能感到沮喪，因為那些覺受不再生起了。這種情況是會發生的，由於缺乏指導，你錯認這種經驗是負面的，另一種可能發生的情形是，假使你輕率的話，你可能會認為你已經證得最後的果位，即大無修！

事實上，這兩種情形都不是。你既沒有丟失禪修，也沒有證得最後的果位。當你的禪修達到全然平常的這種階段時，它表示這是你第一次真正看到你心的本質，見到心性不表示你是一位大證悟的人，它只是表示你已經見到你的心性。

赤裸現證平常心

彼即所謂正見真如性，亦即赤裸證悟平常心，
諸法即心於此生定解，心為空性離言說思議。

因為能見與所見並無分別，令你覺得所看到的極為平常。它因此稱為「平常心」(ordinary mind)。你赤裸裸地領悟到它，意指你第一次領悟到它，無任何事物介於能見與所見之間。此時，不同於先前曾解釋的概念性見地，以及受概念影響的經驗，你已經直接確定：所有事物就是你的心。

這不同於你的心遍滿虛空以及遍一切處的感受。此處，你已經確定，你所經驗的，沒有一事不是你心的顯現，並且你也直接見到你的心是空性。然而，在這情境，空性不是一種知識的對境，它不像「心」，體驗到什麼都沒有，你體驗到心超越任何語言或文字概念，超越任何描述，而且超越思想。

自然安住，不必修整

僅只無作自然而安住，無一應作然當散亂時，
不見本性失落凡惑中，思維失念心悔憶正念。

此時，修持只要保持自然安住就好，不需要去修飾心。雖然不需做任何其他事情，但是要能如此安住，仍然需要提起正念。你仍然有受到干擾而散亂的風險，當你受到干擾而散亂時，你見不到自己的心性，而完全平常（世俗）的迷惑就生起了。只要受到干擾，你與其他的任何人沒有什麼差別，你已體驗到心性的這個事實，在你受到打擾的當下，對你並沒有任何助益。最終，你認出了自己的散亂，在那刻，你可能感到很懊悔，因而提起正念，你再次回復到心性的認知。

一再提起正念，心性日益清晰

忘失正念彼即為凡夫，僅憶正念即是起修行，
此時正念應反復提起，如是一再觀察明分大。

再次生起正念前，你是全然地迷惑，就如同其他任何人一般地迷惑。一旦正念生起，你立刻回復到修持的狀態——認知心性的境界。在修行的這個重要時刻，你的修持所應努力的是，持續地、一再地提起正念，也就是認知心性。以此正念一而再地直觀你的心，你對心性的體驗就會越來越清楚。

過日常生活，保持心性覺知

時而專一寂靜處禪修，時而禪修行止互融合，

此刻，有時你應該在寂靜處，專心一意地獨自修持，並且幾乎不做任何其他的事情。其他時候，你應該將修持融入日常活動中；換句話說，過著你平常的生活，作你平常作的事情，但是在這些事的當下，試著保持心性的了知。

經論都成印證，清明之夢日增

此後經續成就者之語，經典一閱心中即了然，
若大精進夢境數數覺，若少精進夢境覺數少。

由於你已經了悟自心本性，沒有任何概念性的過濾，經典、續論或者大成就者的文字記載印證了你的體驗。經卷上讀到的每一件事，都與你自己體驗到的相吻合。倘若你十分精進地以正念來觀照心性，那麼你會有越來越多清明的夢；假使你較不勤快，你的清明夢境就會比較少一些。

▌情器世間一切顯相，都是我心▐

爾後外在一切情器界，所顯諸相無雜而明晰，
本性如冰消融入於水，一切性空與心皆無別。

當你看外在的顯相時，器世間以及其內的有情眾生，各有各的形相或顯現，但他們被視為具有相同的本質，那即是空性，而且與你的心不可分離。這與你的心遍一切處的觀點不同。這樣的譬喻是視冰不過是水的一種形式，當冰溶化時，它就變成水。同樣地，不同的顯相之本質被認知時，它們似乎全具有相同的本質，就如同不一樣的冰塊，都具有水的相同本質。此時，你了悟到你所經驗的每一件事都是你的心。

▌諸法本空，修與無修無差別▐

禪修是心不修亦是心，心者自始無實為空性，
修與不修散不散無別，證悟本初空性自然義。

當你禪修時，那是你的心的覺受；不禪修時，那也是你的心的覺受。從本始來，心自身從不曾有實質的存在，它是空性。因此，就諸法本質而言，沒有修與不修的差別，此處它表示在認知心性時，散亂與不散亂沒有差別。當你到達此境界時，你已了悟了諸法的本質，它從本始來就是空性的。

輪涅不二，六道心與佛心無別

諸佛心與六道有情心，自始本質無別即空性，
輪涅無別見地之義理，譬若閱續及上師教示，
非僅是為乾枯之理解，自續應由內部生變易，
若達此境僅獲證悟名，獨此境界勿思為高妙。

你認知六道中任何眾生之心與佛心，從本始來本質即相同，皆為空性。在認知你的心性時，你認知了輪迴與涅槃雙運或不可分的見地。因為你對心性的認知，是任運發自於內心，它與概念性的了解非常不同。概念性的了解，可能來自於閱讀，或得自於上師的教授，但是任何一種情況，都只是你所了解的，而不是你所認知的事情。這是你所認知的事情，它並不是依靠任何學習或概念性的了解而得到。

一旦你如此地認知了自心本質，並因此認知了見地，你就是個「多滇」或者說證悟的人。「多滇」(tokden)的意思是「了悟心性的人」，它不表示說你已經證得菩薩的道、地，或者你已經接近佛果。在這情形發生時，不要認為你已經證得特別高超的任何事，或者你已經接近法道的終點，你不是的。

現身說法的懺悔與迴向

為了利他，而依體驗說覺受

以利他心講說覺受量，若洩密意懺悔尊師前，
此後無有覺受惟聽聞，欲明地道應讀諸續教。

噶瑪恰美仁波切說，這首道歌直到這一部分，都是依他自己所生起的覺受來解說；他所提到的覺受順序，是根據他自己的經驗，他以利他的動機來解釋這些，是為了要給我們一個可期待的例子，而不是誇大吹噓。

假如他洩漏了任何祕密，他在本尊以及他的上師前懺悔。如果在描述覺受的階段，他說了些不該說的，那麼他感到抱歉。他提到他自己尚未證得完全的法道，但是已經達到能確切認知心性的這一刻，而這是他自己已達到的最遠地步。

不論是否要把他所說的當真，噶瑪恰美仁波切接著說，如果你想要知道法道其他部分的大綱或藍圖，那部分他僅是聽聞過解說，並非自己親身體驗過，你應該去參閱經教或密續。他是說，如果你對法道其他部分的義理了解有興趣，那已超出此處所解說的，你可以在密續和其他著作內做進一步的研讀，如同看著你從不曾去過的地方的地圖一樣。

圓滿迴向，願生淨土

如是有漏無漏諸善業，譬若駕馭馬以韁轡般，
三輪清淨迴向勝迴向，三輪清淨義理解釋多，
可於修持心性中迴向。

噶瑪恰美仁波切說，在每一座修法結束時，如果你將修法所積聚的功德，包括具概念的有漏善業，以及無概念的無漏善業，迴向所有眾生的覺醒，那麼你就是在指引或駕馭它。

迴向就像是用來駕馭一匹馬的韁轡，因此能在三輪體空（編註：能做、所做、所做之事三輪皆空）中，圓滿或清淨地迴向你的功德，那是很重要的。雖然三輪清淨 (purity from the three aspects)，或者無概念的三輪，有許多不同方式的解說，然而若能在修持的狀態之中，迴向你的功德，那已足夠了。也就是說，當你迴向功德時，你同時維持著對心性的認知，這樣就可以了。

易於往生功德極廣大，持誦往生極樂發願文，
能生與否疑思應斷除，決定得生乃佛陀大願。

最重要的發願是你能達成往生淨土。在所有淨土中，阿彌陀佛的極樂淨土最為殊勝，就功德以及易於投生來說，它勝過其他所有的淨土。

在你的迴向中，永遠要包括發願求生極樂淨土，極樂淨土優於其他淨土的原因是，那是唯一完全的淨土，即便沒有證到菩薩地的凡人，都能投生於此，它同時是一個全然沒有任何痛苦的淨土，能夠投生此淨土，完全是由於阿彌陀佛自身特殊的發願。要能投生那裡，你必須完全沒有懷疑，因此不要懷疑你是否能投生到那兒，純粹是因為阿彌陀佛的發願，你將能投生在那裡，而且由於他的願力，每一位希望投生極樂世界的人，都可以達成投生的。

一旦知曉遊蕩於中陰，決定往生於彼淨土中，
從此刻起心中應殷切，中陰之時憶起無間至。

一旦臨命終時，你有可能立刻就投生到極樂淨土；但若沒有，在未投生淨土之前，你進到了中陰，你應該現在就生起決心與動力，在認知你已經處在中陰時，就要立刻前往極樂淨土。如果你現在生起那樣的決心，那麼一旦認知你已在中陰，你就會立刻去到極樂淨土。

為什麼這是可能的原因？因為在中陰你所擁有的是意生身，而非這個色身。意生身能夠剎那出現在任何地方，在中陰如果你發願要去極樂淨土的話，沒有任何事情能阻止你直接去到那兒，這也是為什麼中陰是如此的危險，因為在那兒也沒有什麼能阻止你，剎那間不去到其他更令人嫌惡之處。因此，在迴向功德的同時，要發願往生極樂淨土，那是特別重要的。

第六首歌即覺受生起與淨除障礙之歌。

第六首道歌，關於覺受如何生起以及如何消除修行時的障礙，圓滿結束。

問與答

學生：我有兩個問題。首先，噶瑪恰美仁波切是說在任何修行之後，就應該發願往生極樂淨土，或者只是在一個人認知心性之後才發願呢？其次，對於功德迴向，我們應該如何措辭，才是無概念的呢？

仁波切：在任何修法之後都可以發願。並不需認知心性後才做修法的迴向。不論一個人有大證悟與否，他們都是在積聚功德，在任一種情況下，只要發願往生極樂淨土，肯定能往生的。當你發願時，你應該思維：以此功德，以及阿彌陀佛的慈悲願力，願我臨命終時能夠瞬即往生極樂淨土。投生淨土後，願我能利益一切有情。

關於無三輪概念的迴向，它與文字措辭並沒有太大的關係，而是與你認知心性的程度較有關聯。唯有對心性有決定性了悟的人，才可能做到真實無概念的迴向，而且才能夠安住在心性的認知中，來迴向他們的功德。

通常我們修持的是稱為「隨學迴向」(concordant dedication)的方式，「隨學迴向」是指以這種圓滿或清淨迴向的方式，來迴向我們的功德。由於我們本身尚未能夠如此做到，我們在迴向時說：我效法那些已證知諸法本質，如文殊、普賢以及其他聖者的迴向方式等。就像如果你要前往一處從未去過的地方，而雇用嚮導一般，當你有嚮導時，你可以利用嚮導的指示到達你將前往的目的地。由於我們尚未能以無概念的方式來迴向我們的功德，因此我們引用那些能如此做的人的迴向，並且說我們希望如同他們迴向的方式來迴向。

學生：我對一些事感到很困惑。一方面，我們發願在輪迴淨空前，願作為菩薩來利益眾生，而另一方面，我們發願要投生西方極樂淨土。我想知道這兩種發願彼此要如何調和一致呢？

仁波切：發願「在輪迴淨空前，願我能繼續行大菩薩的行持」，與發願投生西方極樂淨土，並不會互相矛盾。第一個發願，「願我致力於大菩薩的行持」較為普遍，因為你可以持續地投生於此世界來行菩薩道，或者你也可以投生西方極樂淨土，而以無數的化身來利益眾生。

發願持續投生於此世間來行菩薩道的問題是，在你真正證得菩薩地之前，你無法控制發生在你身上的事情。接受此血肉之軀，你同時得接受這個有諸多限制，並且不會持續太長久的生命體與環境，而且你必須一再地如此做，除非你已證得高層次的菩薩地，能夠控制自己壽命的長短，否則不斷地投生於此世間，並不是利益他人最有效的方法。

另一方面，如果你純粹是為了自身的利益，而發願投生極樂淨土——只是避免自己的苦難，而非關懷他人，那是不會成功的。這是因為投生極樂淨土有四種因緣，其中一種就是發菩提心。假如菩提心不是你投生淨土動機的一部分，你就無法投生在那裡。

適當的的態度是發願投生極樂淨土，能夠離苦（在此處是合理的）並且有(愈快愈好的)能力化現無數化身，有效率地來利益眾生。如此作，比你只依靠業力的衝動，在此世界投生為一個凡夫更有效。

簡言之，由於發願投生極樂淨土所需要的動機，至少在某種程度上是利他的，這兩種發願並不互相抵觸。

學生：今天我碰到一個翻譯上的問題，那是有關冰融解化為水的一個比喻。我想它的背景是說冰是水，當它融解時就變成另一種相的水。我不清楚的是，這個比喻指的是什麼呢？是否與心性有關呢？

仁波切：冰與水這個比喻的要點是，既然勝義諦即是所有現象或世俗諦的本質，那麼我們必須接受世俗諦僅是勝義諦的實例或化現。聽到這一點，你可能會疑惑：如果是這樣，那麼為什麼我們會經驗到世俗諦？我們經驗到世俗諦的理由是因為，我們無法如實地認知諸法。因為不能直接體驗勝義諦，我們以世俗諦的方式來經驗事物，當我們能如實地見到世俗諦的本質時，我們就經驗到諸法皆是勝義諦的示現。

學生：在中陰時，有這樣的說法，一個人需要具有如同士兵般的本能反應。如果我們的本能反應是觀上師為金剛總持，那麼，在這些教學之後，我們是否必須改觀上師為阿彌陀佛呢？

仁波切：不論你觀想根本上師為金剛總持或阿彌陀佛，都沒有關係，但是你確實必須生起信念，想要投生極樂淨土。

學生：噶瑪恰美仁波切的書上討論到，認知心性之下的本尊修法。恰美仁波切曾說，即使有人認為一旦認知了心性，就不需修持本尊法；但是有一些理由顯示本尊法的修持仍是重要的。這令我想起最近有人問我的一個問題，那人做完了四加行，而現在正精進地修持止與觀。他質疑修持本尊法的價值，並且說：將心安住於心性上不是更殊勝、能積聚更多的功德嗎？那不就足以證得佛果了嗎？這種想法令我困惑不已，希望能聆聽您對這事的看法。

仁波切：傳統上，當一個人完成了「前行法」（四加行）之後，他們會以大手印的「止與觀」(shinay and lhaktong)做為他們最初的修持。我無法保證在完成前行法後，單靠「止與觀」的修持，就足以圓滿完整的法道，並且能證得佛果，同時，我也無法說不行。

如果我們認為只要那樣就足夠的話，只是經由大手印「止與觀」的修持，一個人能夠完全認知心性，而且最終證得法身。但為了要利益眾生，他們仍然需要製造一個因緣，來示現特殊的色身(rupakayas)。

在法道中，在達到佛果位後，我們利益眾生的特殊方式，主要因緣是我們從前生起次第方面的訓練。它包括盡力觀自己至少為某一本尊，包含本尊的面、手、足、法器、法衣、裝飾等等，也可能包括觀自己為一系列數位不同的本尊。

在認知心性後，修持生起次第的目的，以及修持不同形相的生起次第的目的，是為了要創造出我們未來回應特殊眾生需求的基礎。我們將心安住在本尊的形相上，經由咒語的持誦等，創造出這樣的基礎。基於這個理由，即使你可能不需要生起次第的修持來證得法身，但在你證悟之後，你仍然需要它，以生起對他人可能的最佳利益。

同樣地，即使我們以安住心性做為主要的修持，我們不會一直那麼做。我們無法恆常安住在心性中，這裡必須釐清「等持」與「座間修」的區別。在此處，「等持」，是將心安住本性中，而「座間修」則指其他的任何狀況，從此觀點來看，我們會視生起次第為座間修，這是很恰當的，因為在此法道上，人們總是試圖積聚二資糧，作為成就二身的基礎。

學生：當我們對初學者解釋像四臂觀音法門的利益時，也可以用這做為基本理論，對他們說，在未來有這些方面的利益嗎？

仁波切：是的。

三 認知心性後，四種增上法

第七首道歌

效用增上

結合心性，修「上師相應法」

上師己心體性雖無別，空性法界境中為一味，
智慧無礙上師無量光，若觀於頂懇切而祈請，
加持力故證悟倍增長，是故勤修上師相應法。

現在開示四種效用增上法門，首先是「上師相應法」。

一旦認知心性，你了悟上師的心與自己的心無二無別，同一體性，此體性，又稱空性或法界，彼此沒有不同。然而，你依舊要持續觀想上師在你的頭頂上，並且向他祈請。

此處，我們要觀想自己的上師為阿彌陀佛，當你觀想上師為阿彌陀佛的形相在你的頭頂上時，你思維上師以阿彌陀佛的顯相生起，正是覺性的展現。覺性的展現 (display of awareness)意思是指，形象是心的自然展現，如陽光是太陽本身的自然展現，或者海洋表層的波浪，是海洋的自然展現一般。

由於你觀想上師為阿彌陀佛在你的頭頂上，並且向他祈請，加持會自然生起，你的證悟與認知也會因而增長。基於那樣的理由，效用增上的第一種方法是：觀想上師在你的頭頂上，持續地修持「上師相應法」。

結合心性，修「生圓二次第」

本尊自心顯現雖了悟，自身本尊大悲觀音身，
顯空無別觀修持六字，播下色身種子之因緣，
亦是生圓雙運密咒教。

第二種效用增上的方法是修持生起次第，觀自身為本尊。

你已經認知了你的心性，也認識到你自觀為本尊的顯相，不過是自心的顯現而已，它不過是心的一個特殊展現或影像。然而，你仍然應該持續觀修；你仍然應該觀自己為本尊，這裡的教導是觀自己為觀世音菩薩。當你觀自己為本尊（觀世音菩薩）時，你思維著，顯現為本尊形相的你，雖然極為清晰，卻是空性的顯現，它是你心性的展現。如此，思維著你的身與所有的顯現是觀世音菩薩，同時持誦著六字大明咒「嗡嘛尼唄美吽」。

即使對心性有了些許的認知，持續修持「生起次第」還是很重要。理由是，它能建立吉祥的基礎，以成就你未來的色身。也就是說，當你未來證得佛果位，或者圓滿覺醒時，由於你自觀為觀世音菩薩所存在的願力，你將能夠廣泛地以色身利益眾生。因此，持續修持「生起次第」是很重要的。

更且，生起次第與圓滿次第的結合，觀己為本尊、持誦本尊的咒語、同時仍然維持著心性的認知，是金剛乘教法的精要，而結合「生起次第」與「圓滿次第」就是金剛乘最終的修持。

結合心性，修「自他交換法」

六道眾生雖無有自性，不悟流轉輪迴有情眾，
推論所生慈心與大悲，

效用增上的第三種修持是「自他交換法」(tonglen)，或稱「施受法」。

認知自心以後，你認識到六道所有的眾生並非實存。由於他們的本性與你的本性相同，而你知道你並非實存，所以他們一樣也並非實存。你也知道他們並不了解這一點，並且由於不能認知心的真實本性，他們遭受到無比的痛苦。

六道眾生所有罪與苦，隨息吸入盡融於己身，
觀想一切有情咸離苦，

認知心性的自然展現就是慈悲，那是一種特殊的慈悲，是由於了解到我們之所以如此痛苦，是因為缺乏對心性的認識，而產生的慈悲。這種認知心性的自然展現或效用，即是「慈」（希望一切眾生具樂與樂因）與「悲」（希望一切眾生離苦與苦因），而它可以更進一步的以「自他交換」的修持來開展。

當你修持「自他交換」法門時，吸氣時，你思維一切六道眾生的過患與苦難，都收攝到你的呼吸中，並且全部融入你的身體；在吸氣結束時，思維一切眾生無有例外，都不再有任何痛苦。

自身所具福德與善根，隨息呼出融入有情眾，
觀諸眾生獲得無量樂。

當你呼氣時，思維你所有的功德，也就是修持「生起次第」所積聚的功德、認知心性、持誦咒語，以及所有任何其他方式所積聚的善德，隨著呼吸出去，並且平均地散佈在所有眾生之中。這功德實際上是被重複了，因此，每一位眾生都得到你的全部功德與善行。在呼氣結束時，思維一切眾生都達到了無限、無盡的快樂與幸福的境界。

成佛法中無此不可得，自他交換觀修深法要，

這樣的自他交換修持是必要的，沒有如此的修法，就無法證得佛的果位。因此，「自他交換」或者「施與受」的修持是甚深法教的精髓。

結合心性，修「大圓滿虹光」

早晨黃昏太陽光線下，雙眼半瞇所見之虹光，
顯現圓圈點字母本尊，彼與所修心性融合觀，
能見明空雙運報身土。

在此簡略地解說，最後一種效用增上的修持，它是大圓滿的一種修持。在早晨與黃昏時，以半瞇的雙眼（梵文：caksu）凝視著太陽的光線（梵文：surya），如此觀修時，你會見到彩虹光、光的明點、較小的明點、種子字，以及本尊身。

將這一點與心性的認知結合修持，在注視著這些顯相的同時，不偏離心性的認知，你將能夠直接並且真正地見到「明空雙運」的報身淨土。當你注視並且見到這些時，你應該認識那不過是你的自心本性，覺性的展現，它們並不存在於外，其自性與你的心性是相同的。

見地勿流於意識伺察，直接體驗大圓滿深要。

此法門是大圓滿的甚深特色，能讓你直接體驗，見到覺性的展現。如此，它不會成為知識的一個對境，並且此見地決定能超越概念性的了解。

增上之歌是為第七首。
到此圓滿結束第七首效用增上之道歌。

問與答

學生：這個問題是有關功德的本質。一方面，功德似乎是一件事，因為我知道功德很重要，我們需要累積功德並且迴向功德。另一方面，談到要消除三輪時，我們被教導說不應該將功德概念化。這讓我覺得，事實上，功德不是一件事，而是空。關於這一點，我需要更多的說明。

仁波切：這是非常好的一個問題，因為有時候，功德看來像是一件事，而其他時候，又像是空無一物。如果它們是我們的兩種選擇，那麼，我們必須要說功德是一件事，因為如同你的問題指出，我們的確必須用心去積聚功德。我們用身、語、意所作的每一善行，用利益他人所做的事，以及用所有的修法，以積聚功德。我們做這一切的目的，是要積聚功德。以此，我們必須說功德是一件事情，而不是空無一物。假若它是空無一物，我們就不會如此費心地去累積它。

此處的重點是要積聚大量的功德，並且將它轉化為智慧的積聚。唯有積聚大量的功德，而且由於你認知功德之本質，然後將之轉化為智慧，你才可能達成智慧的累積。若你積聚大量的功德，但並未能轉化為智慧，則它會成為正面的覺受。但在功德成熟後，它就會被用盡。功德將不會是無窮盡的。

我們需要的是持續的果報，如此當功德成熟時，它就不會被耗盡。有持續的果報，我們就能夠持續享有功德的成熟。同時，直到我們最終證得佛果前，也可持續擁有做為自利、利他資源的功德本身。因此，將積聚的功德轉化為智慧的累積是必要的。這在迴向功德時，要像修持大手印的行者般，安住於心性的認知上，才能達成。迴向時，若能安住在心性的認知上，功德就能轉化為智慧，這並不是因你有功德是空的想法就能達成的。

當我們談論到無具體化的三輪迴向時，我們常會以否定三輪，也就是以空無一物的想法，來取代具體化三輪的想法。但那不是此處應作的。這裡我們要作的，不是將功德迴向分為三件不同的事情。不要將功德的本質、積聚功德者之本質、以及所積聚功德之果的本質，當成三件不同的事情，我們認為這三者皆具有相同的本質。整個的重點在於，我們不是以概念心來做這件事。純是因為在那時，修行者安住於對諸法本質的直接認知中，自然體認到迴向的功德、作迴向者、以及迴向之果，都具有相同的本質。就某種意義來說，迴向的功德有一種如夢般的特質，但是它肯定是可能的最好之夢。

【肆】結行

第八首道歌

導死亡入修道

面對死亡的三個要點

法本第八首也是最後一首道歌，是關於如何將死亡導入修道上。

耶瑪霍！依止上師修正法宗旨，
為欲此世亡時有所作，否則敵至驚恐必定生，

在死亡時，依止上師與修持佛法的利益必須顯現，除非你在此生已經證得佛果，你必須將修行的成果用以準備面對死亡，否則你就會像一些人，當他們看到敵人到來時驚慌失措一般。

舉例來說，在中共進入西藏時，有些等待共產黨軍隊到來的人們，他們聚集了武器要與共軍打仗，但當共軍真正出現時，他們卻驚慌失措，雖然帶著槍枝跑去打仗，卻忘了攜帶子彈；或是他們拿著子彈，卻忘了帶槍。對修行者而言，這種情形類似死亡，重要的是，你的修行必須要能夠使你成功地準備好面對死亡。當死亡發生時，你就不會驚慌恐懼。

▌記住，你一定會死▐

死期不定恆常存心中，大小貪著若執則纏縛，

俱生之骨與肉須捨棄，勿起貪戀親友財富心，

此處的第一個要點是，恆常記住，你一定會死亡，而且你不知道死亡何時會發生。於一切時，尤其是當你瀕臨死亡時，你應該確定沒有任何執著。你所執著的是什麼並不重要，你可能是一位富可敵國的君主，或者你可能是位非常貧困的人，只要你執著於財富，或任何其他的東西，不論你所執著的是鉅是細，都無關緊要，因為執著本身就是個問題。

了知這一點，你就必須為死亡做準備，要記住，當你死亡時，你勢必留下所有你執著的東西，你將留下你自己的血、肉與身體。此外，你必須放棄執著的每一個人、執著的每一件事、你的親朋好友、你的財富，總而言之，要放下每一件事！

為死亡作準備，一切執著供養三寶

親朋好友財富及自身，至心供養上師與三寶，
既獻供已觀其似無主，誰取誰有心中無須念，

當你趨入死亡時，最好的作法是，在心裡將所執著的每件事物供養上師及三寶。如此做的目的，就是要去除物主身分的想法，這些人與物是你的人與物的這種想法。一旦你捨棄了物主身分的這個念頭，在死亡時，你就能夠更容易地放下。

簡單來說，第一點是，要持續憶念死亡隨時可能發生的這個事實。

第二點是，將你所執著的每件事，在內心供養上師與三寶，以準備死亡。

自身觀為本尊大悲身，頂嚴上師三寶之總集，
觀想無量光怙並祈請。

修頗瓦法

第三點是修遷識法（頗瓦法），為死亡做準備。這是依據法本上所教導的生起次第的修法。觀想自己為觀世音菩薩，並如第七首道歌甚至是之前所說的，觀想你的上師為三寶總集，以阿彌陀佛的形相顯現在你的頭頂上，向他祈請。

八處竅孔舍字一一封，身內中脈如中等箭竹，
心間自心現為白舍字，上升融入無量光心中，
如是觀修百次或廿一，

為死亡做準備，其他部分的觀想如下：首先，以種子字「舍」(HRI)封閉八個竅孔，這個八的數目需要闡明一下，因為我們不只有八個竅孔，此處指的是：雙眼、雙耳、雙鼻孔、嘴，而下部所有的竅孔統合為一個，共八處。

思維你身體的主要竅孔各自被一白色「舍」字封閉，以避免你的神識由該處逸出。接著，在身體的中央，你觀想中脈阿瓦都底(avadhuti)，如中等竹莖的大小，在中脈內，心間的部位，觀想你的神識現為一白色「舍」字，接著思維白色的舍字，它就是你的神識，向上射入阿彌陀佛的心中。你做一百次這樣的觀想，或者至少二十一次，在你死亡之前做此觀修，你也可以將它做為準備死亡的修持，養成你的神識從頭頂梵穴出去的習慣。

此後心中任何皆不思，修行明白安住知心體，
顯增得三次第消融現，各自是此無須加辨別，
任有所現無一非是心，任何顯現直觀彼體性。

當你完成觀修，而且已經將你的神識，以白色「舍」字的形式，融入頭頂上阿彌陀佛的心中後，你不再思維任何事情，將心安住在心性的完全認知中。尤其當你真正要死亡時，在完成遷識的觀想後，也就是將你的神識融入阿彌陀佛的心中之後，你將心安住在其本性的認知中。

你不需要嘗試認知死亡時逐一消融的階段，在許多典籍上有詳細敘述，死亡時發生以及你會見到的事情，譬如，「顯」(appearance)，所有事物轉成白色；「增」(increase)，所有事物轉成紅色或橙色；「得」(attainment)，一切事物變成黑色等等。

不論生起任何顯相，也不論它們發生在任何階段，你不需要擔憂而想嘗試去逐一認清它們，因為這一切無一不是你自心的顯現。此處的教示是，只要持續看著你心中升起的任何事物之本質。

把握中陰，得到解脫機會

安住心性明光，法身解脫時刻到了

外息已斷內息尚未斷，基之明光如無雲虛空，
彼顯現時應安住彼境，若長時住即執受圖當。
相為色美眼則微瞇視，口亦似含微笑釋中說。

在臨終過程的某一刻，當你的呼吸停止了，但是身體內微細的循環尚未完全停止時，基淨光或基光明，諸法的基礎本質，將如同經驗到無雲晴空一般地升起，當它出現時，你只要安住在基淨光的認知中。

若在死亡前的修持中，你已認知心性，並且在修持中培養出那種認識，那麼你已認知了「子光明」(child clear light)，如此的稱謂是因為它與基淨光相似。在死亡時刻，基光明——在此文義上稱為「母光明」(mother clear light）——會在你面前出現，因為在生前的修持過程，你已經認識類似的情景，你會認出它，這就是所謂的「母子光明會」(meeting of mother and child），在那時刻，如果你認出它，你就解脫了。

如果能安住在基光明或基淨光的認知中，那就是「證得圖當」(attainment of thukdam）或「三摩地」，在那種情況下，亡者的身體不會像一般死亡時那樣變化，這種成就是所謂的「法身解脫」（liberation in the dharmakaya），對旁觀者而言，證得此成就的人，其徵兆是亡者的容貌，不會如通常死亡後立刻變化，他們的眼睛可能保持半闔，而且他們實際上可能面帶微笑。

隨侍之人可調亡者身，跏趺坐或獅子睡臥等，
臥姿坐姿於義無差別，

死亡時身體的姿勢，比較不是那麼重要。當一位上師圓寂時，侍者通常會將他的身體安置為某一姿勢，例如直正坐姿(sitting-up posture）、跏趺坐姿(cross-legged posture)、或獅子臥姿(sleeping posture of a lion）。但這不會真正影響對基淨光的認知，因此身體的姿勢不應該被視為一種徵兆，容顏以及其他的身體跡象比較有關聯。

▌執行遷識，神識融入阿彌陀佛心中▐

乃至未得或者受驚擾，能於臨終觀修頗瓦法，
神識由梵穴出具大利，法身遷識等同於圖當，
二者無別此為深定義。

若你沒有認出基淨光，或是你認出基淨光但過早被擾動打斷了，然而由於你死前曾做過遷識的觀修，將你的神識向上方融入阿彌陀佛的心中，這時當基淨光的覺受停止後，你的神識離開你的身體時，它會從你頭頂出去，這會帶來大利益。此種究竟或法身遷識，等同於證得「圖當」或三摩地，這是應了解的甚深要點。

認清中陰所有顯相，不被迷惑

爾後若仍流轉於中陰，任顯直觀彼之本體性，
自心迷惑空性色身外，更無寂忿諸尊與死主。

如果你沒有認出基淨光，並且如果你也沒有立即投生極樂淨土，那麼，中陰的顯相就會開始。雖然你發現自己漂流於中陰，但你若能直觀任何生起與顯現境相的本質，並且認清所有這些中陰的顯相，就是你自心迷惑的投射，那麼你就能在中陰得到解脫。不論你見到任何顯相，例如寂靜尊、忿怒尊或如閻羅的邪魔形相等，這些無一能實際存在於你心之外。

其後若臨投生之時至，輪迴無始時來直至今，
投生六道似牧人輪替，生老病死如念珠計數。

憶念淨土，斷斷投生輪迴的執著

假使在中陰時你沒有得到解脫，你就會發現自己正被迫去投生。在那時，應該記住的第一件事是，從無始輪迴直到今日，你一次又一次地在六道中不斷的投生，有如旋轉之輪一般，像這樣連續的經驗，基本上全部相同，生、老、病、死，然後又是生、老、病、死，一個接著一個，如同念珠上的珠子一般，重複輪迴不已。

是故決心猛烈棄輪迴，彼等惡趣痛苦難思量，

天與人亦生死似轉輪，

為了要停止投生的過程，你應該牢記這一點，並且培養對平常輪迴投生的強烈厭離感。切記！惡道的痛苦連想一下都難以忍受，更遑論要去經歷了，而人道與天道暫時的安樂也是無意義的，因為它只是輪迴中生與死的另一種例子。

是故應往離苦安樂處，西方極樂世界之淨土，
聽聞正法無量光佛處。

在思維厭離輪迴的同時，要憶起有一處沒有苦惱，真正幸福的地方，這就是極樂淨土，它被認為是在西方。如此，決心不再投生於輪迴內，而希望能往生極樂淨土，能夠在阿彌陀佛尊前聽聞佛法。簡單來說，憶念極樂淨土，斬斷你對輪迴的執著，決定往生極樂世界。

心作想已捨貪著而往，無須似今舉步而行走，
亦無須如禽鳥展翅飛，念起無間意生身即至，
生彼恆常安樂無苦惱，亦能利樂六道有情眾，
登地之後化身行利他。

在中陰時，即使你已經趨近投生階段，只要憶起極樂世界，並且希望能去那裡，你就會發現自己已經置身其中。你不需長途跋涉，也不需像鳥一般地飛到那裡，你擁有意生身，因此一旦你憶起一個地方，你會發現自己已置身該處了。

一旦你認出自己已經在中陰，如果你尚未證得解脫，就要決心即刻前去極樂淨土。在那裡你將永遠快樂，沒有任何痛苦，一旦生在極樂淨土，不僅你自己得到幸福，你也會成為無盡利益他人的來源。這是因為你將迅速證得菩薩地，且證得之後，你將立刻開始分生無數化身，積極地利益世間眾生。

死時融入阿彌陀心間，死亡入道之歌第八首。

第八首道歌，將死亡導入修道，圓滿結束。

此為法本之結語：

如是八首簡短修行歌，虔信商人补魯請而寫，
以紙供養於我寫此歌，依據三天開示之記錄，
寫於虎年四月第二日，圓滿此者名為惹嘎夏，
隨心豁然所顯而書寫，若有違背向諸賢懺悔，
願以此善迴向生淨土，大悲心髓修次圓滿矣。

吉祥如意！

問與答

學生：仁波切，您提到在中陰時，如果能憶念極樂世界，你就可以去那裡，因為在中陰時，心是十分強而有力。我聽過很多次，中陰與夢境非常相似。雖然我已經修行21年了，卻很少有關於法的夢，而且我也無法控制我所做的夢。我擔憂的是：在中陰時，我能記住教法嗎？在中陰時，會有較強的記憶力嗎？

仁波切：很不幸，事實上中陰比夢境更難認清，因為在中陰，迷惑與驚懼的強度更厲害。然而，我們還是有些可以做的事，這是為什麼死亡的準備是如此的重要。雖然一般我們認為無法控制自己的夢，事實上，這是可以的。通常你的夢會反應出，你在白天的主要情緒與活動，如果你的心整天集中於某件事情上，它肯定會影響你的夢。相同地，如果你為中陰做準備，訓練自己對相關的經驗，適當、迅速地作出反應，那麼，你就有能力做到。

關鍵是，你的訓練必須要達到直覺、本能反應的地步。要成功地横渡中陰，所需要的訓練，等同於兵士為了準備戰爭所接受的訓練種類與水準。你在軍隊所受的訓練，反應要精準到一旦真正上了戰場，你會自動拿起武器，而且主動射擊的地步，你甚至不需要思考，如果你沒有那種訓練，那麼在戰場上，你會受到驚嚇而僵住。

我們大部分的人在死亡時所會發生的事是，我們嚇壞了，呆住了！要超越那問題，你的認知訓練必須達到本能直覺的程度。在中陰時，你所經驗到的，如果你能認知的話，它們是全然清淨的。那是本尊與其淨土的顯現，以及他們咒語的迴響，如果由於其猛烈度大到讓你無法認知，那會是極端恐怖並且令人驚懼迷惑的。

在中陰時有幾個能夠得到解脫的機會：臨終時刻、死亡之後、寂靜尊與忿怒尊顯現之時，以及當你即將投生的時候。利用任何這些機會的能力，全靠你現在的訓練，以及你對所需的認知熟悉度。事實上，中陰的經驗是比任何夢境更令人迷惑與恐懼千百倍的。

未得教導，不要在家自修頗瓦法

學生：在教法中談論到遷識，有時藏文稱做「頗瓦」（phowa）。我不知道是否在這解說必須加註一下，「在家不要嘗試修此法」。噶瑪恰美仁波切在法本上做了開示，但是我覺得這些開示，還不足以讓我們回家就能修持。

仁波切：「頗瓦」或者說「遷識」的法門，依據法本上的教示是用來修持的。這是說，得到此教授的人，可以在家中或任何其他的地方修習此法門。頗瓦教法的精要蘊涵在這偈子中，「封閉輪迴的八門，打開解脫唯一之門」。根據不同的傳承可能有不同的表達方式，譬如，天法伏藏以及其他的傳承，有時候是九門等等。不論如何，這技巧基本是相同的，如果依照此處教法所解說的去修習，人們沒有理由不應該去修習它。

學生：噶瑪恰美仁波切在法本上提到，觀想我們的神識離開身體，進入觀想在頭頂上阿彌陀佛的心中，並且要不斷地如此觀修。這樣做沒有危險嗎？

仁波切：那幾乎是不可能的，在無數修習此法門的人中，一、二位觀想格外好的人，或許有可能真正將他們的神識提早射出去，但是這種可能性並未大到足夠令人擔憂。然而，如果個人感到憂心的話，那麼當他們練習時，他們應該只想著把神識射到頭的頂端，而阿彌陀佛的雙腳從蓮花座邊下伸，以雙足蓋住你的頭頂，如同一些傳承的頗瓦法門所教的（但並非全部如此）。如果你以這樣的方法練習，你必須記住，當你在死亡時刻真正觀修時，阿彌陀佛的雙腳必需抬起，並且你的神識直接射入他的心中。

法身、報身、化身三身遷識

學生：我的問題是關於頗瓦法與第八首道歌。法本上說，由於這和法身遷識的原則相同，兩者並不衝突，並且是最穩當的方法。您簡略地談到法身遷識，我不是很了解，不知報身、化身與此處所提及的法身頗瓦有什麼差別？您能否就這三者簡略地為我們解說呢？

仁波切：法身遷識（Dharmakaya transference）的發生是，當一個人修習大手印的「觀」，已經培養出對心性的認知，因而在死亡時，能夠安住於心性的了悟中。當他們經歷死亡的過程，安住在心性時，死亡過程的最高點，基淨光，即諸法的本質，清晰且明顯地在他們的經驗中生起。那時，由於生前修行時對它的熟悉，他們認知基淨光而證得法身。如此，他們轉化為法身。

頗瓦(phowa)一詞的意思是，「從一境界移到另一境界」。在此文義中，報身遷識(sambhogakaya transference)是如此敘述的：如果一個人沒有認出基淨光，因此在死亡時刻，沒有獲得法身解脫，那麼死後中陰的顯相就會升起。起初，這些心性清淨展現的顯相，會以寂靜尊與忿怒尊等相出現，他們有各自的面向、顏色、裝飾、服飾、法器等等，通常我們被其強烈的顯相驚嚇而逃離。

如果認出他們是本尊，不是什麼令人畏懼的事物，並認知他們是永恆的皈依處，他們是我們本具的，並非外在的眾生。那麼經由此種認知，一個人就能在報身得到解脫。

會投生在哪一佛土，就要看在中陰時，他們與哪一佛部的特別寂靜尊或忿怒尊結了因緣。因為那些佛土是完全清淨而且沒有苦難的（極樂世界是其中之一），在此處，它們是報身佛土，那是報身的解脫。

如果一個人逃離了寂靜尊與忿怒尊，在中陰飄蕩得更久，而將要投生時，如果他們能選擇好的投生處，那就是化身遷識(nirmanakaya transference)。好的投生，也就是適當的投生，是指誕生在有佛法的家庭，或者投生在半清淨地。半清淨地是指有佛住世的地方，它仍然有某些程度的痛苦。例如，鄔地雅那(Uddiyana)、兜率天(Tushita)，或是我們這個娑婆世界，釋迦牟尼佛的世界，我們知道這決不是一個沒有痛苦的地方。

能夠有覺知地選擇一個適當的地方投生，不論那是不清淨或是半清淨之處，它即是化身遷識。因為你有意地接受投生，那就是化身的面向。

此處，運用法本解說的觀想，將你的神識投射入阿彌陀佛心中的這種遷識法，若達到其最殊勝的結果（死後立刻生在極樂淨土），它實際上即是報身遷識的法門。成功的將神識從頭頂遷識出去的其他可能結果，至少是可以適當投生於善道的。

至於一個人修持此法門，是否能投生淨土，要看他們往昔的業；無論如何，他們將能免於墮入惡道。如果由於修習遷識法，而獲得投生善道，並且有機會修習佛法，那就是化身遷識的一個例子。

學生：如果我們修此法門來幫助剛過世的人，我們應該觀想亡者為觀世音菩薩嗎？

仁波切：根據你使用的特別類型的遷識法，這會有所不同。如果是使用此法本上教導的方法，那麼觀自己為觀世音菩薩尤其重要。你不一定需要將亡者觀想為觀世音菩薩，你可以先觀想他們原來的形相，但是你一定要觀想他們身內的中脈以及為種子字所封閉的八個竅孔。

學生：如果為剛死去的寵物修法，也是一樣的嗎？

仁波切：替動物修遷識是常有的。然而，要為別人修遷識，你自己首先必須要完成此修法，也就是說精勤地修持該法門後，你必須已經獲得遷識成功的確定徵兆。

學生：在一個人死後三天，或者等到四十九天後修此法，有任何差別嗎？

仁波切：修遷識最好的時間是在一個人或是有情眾生剛剛過世時，這種判斷是當呼吸與心跳已經停止的時刻。在這些生命跡象一旦停止後，如果能夠修法，那是最好的時機。你等得愈久，就愈不能確定神識是否仍停留在軀體內。神識究竟會在軀體內停留多久是不確定的，一旦神識離開了，除非你是位非凡的大師，否則你是做不了什麼的。有一些大成就者的故事，他們確實能將亡者的神識召回到遺體內，然後再修遷識，但那是很特殊的事情，而且非常困難。

學生：當我們修習此法門時，中脈的尺寸大約是小指頭般，或者比小指頭要寬些呢？

仁波切：大約是小指頭那樣的大小。

學生：當您回答前面的一個問題時，您提到在極少數罕有的例子，無意中將神識投射出去是可能的。那與我們文化中所稱的出

竅經驗是相同的經驗嗎？有時候在車禍或手術時，人們會提到說，他們脫離了他們的身體，而且可以看到他們的軀體所發生的事，那與我們所說的是同一件事嗎？

仁波切：出竅的經驗與死亡後的遷識似乎截然不同，因為出竅經驗的典型結果是，神識會重回到仍然活著的身體。身、心之間的連結尚未被切斷，同時，也很難說在出竅經驗時發生了什麼事。許多人向我描述過這些經驗，不僅是在特別的狀況，例如車禍或是在開刀手術的過程，有些人在睡覺時也經常發生。

敘述這類經驗的人，也經常提到在重返軀體時，有一種不舒服的感覺。起初我對這一切還有存疑，直到它發生在我身上。根據我自己的經驗，現在我知道這的確是會發生的，然而，要確定究竟發生了什麼，是很困難的，我想會發生出竅經驗可能是一個人的魂（藏文la，vital force），與身體多少有點分開了，但是我不認為它是完全的分離，或是如同死亡後的遷識一般。

學生：如果不相同，那麼關於先前的問題，在眾多人中有一、二位可能會受影響，他們有可能因修遷識法門而死亡嗎？

仁波切：基本上確實不會有什麼太大的危險。遷識法在臨終時會發生效用的理由是因為，那是死亡的時刻，你的神識無論如何已經要離開你的身體了。如果你此生精進地修習遷識法，它不可能會令你倒地死亡。舉例說，當我們修施身法時，一開始總是先觀修遷識，觀想你的神識離開身體，而化為本尊的形相。施身法總是那樣開始的，假使如此的修法會讓修行者真正脫離他們的軀體而死亡，那麼我們就應該已經知道了。

學生：仁波切，您的意思是說即使觀想具有天賦的人（我當然不是其中之一），且能確實做到如法本所描述的，修習這個法門也不需要擔心嗎？

仁波切：這個法門不會有危險。真正的危險是死亡，因此能為死亡做準備，比不去準備會好很多。

為他人修頗瓦的三個認知

學生：除了您此處所解說以及先前的教學之外，我並不十分了解遷識。然而，我覺得很有道理，如果依照您今天所講述的一再反覆地修習，在死時就會有利益。我所不了解的，也是我過去幾個月來一直在思索的，他人，譬如一位喇嘛，要如何幫助一位沒有受過遷識訓練的人，要如何才有用呢？

仁波切：為別人修遷識，其效力主要靠三個因素：
首先是修法者的純正動機，或是利他的行為，他們慈悲的動力。
其次是必須精通此甚深遷識的法門，而能為他人修遷識。
第三是接受遷識修法的受益者個人的業力。無論如何，大家都知道有成就的上師能夠十分熟練地為他人修遷識。

前一世創古仁波切有個關於遷識很有名的故事。他是一位大成就者，尤以擅長遷識而聞名。他在東藏各處旅行，所到之處都被請求去修遷識，有一次，他去到一個叫瑪惹(Mara)的地區，該處有一位密咒乘的在家咒師(ngakpa或 tantrika），被稱做瑪惹安耶(Mara Anye)——安耶(Anye）在東藏是對咒師(tantrika)的通俗稱呼，安耶(Anye)本人是個證悟者，他有特殊的習慣，喜歡做手腳去測試其他的上師，看他們是否是真正名符其實的成就者。

在瑪惹時，創古仁波切被請去替一位幾天前剛過世的人修遷識。亡者的遺體放在修法的房間內，創古仁波切與他的一些僧人在房間內，瑪惹安耶也在裡面，除了瑪惹安耶本人外，沒人知道他早已將亡者的神識從屍體內遷出，封在一個小金屬碟子下，並且以金剛杵放在上面。換句話說，他實際上拘禁了亡者的神識，他這麼做不是要折磨亡者，而是要對創古仁波切開個玩笑。

創古仁波切開始修遷識，他的僧侶們也一齊唱誦，雖然他確實在修法，但在第一次修法後，他停了下來說：怎麼一回事呢？有人在作弄我，這兒有些不對勁。他接著似乎更專注地修了幾次。最後那個碟子與上面的金剛杵一齊飛向空中，然後創古仁波切轉向瑪惹安耶說：是你，我知道就是你！

真言（咒語），廣義上指密咒的教法，有強大的力量。在我自己的經驗中，有一位來自卓千寺(Dzokchen Monastery)名字叫欽列歐哲(Trinley Ozer)的喇嘛，他住在我成長的地區。每年他會主持一場一百次的千手千眼觀世音斷食法會，在法會結束時，他會聚集一群人，大部分是老年人，在他的指導下練習七天的遷識法。

他的遷識法訓練有兩點特別顯著，一個是參加的人在結束時，肯定頭頂上都有個小孔（開頂），我自己可以擔保這一點，因為我的母親與祖母，在他的指導下接受了訓練，那是我親眼見到的。另一點是，如果你跟隨他學了一次遷識，你永遠不必再修了，因為修習一次就足夠了。理由是，他訓練的方法是如此地強而有力，不僅是不需要再修，甚至是不適合再修。

這個跡象是，後來當我母親與祖母修施身法時，通常施身法修法的開始會有遷識，她們有時會昏倒，她們並沒死，只是昏倒而已。我祖母活到84歲的高齡，而我的母親活到75歲，我母親應該可以活得更長久些，但在中共進入西藏後，她因饑荒而死。

學生：在我來紐約噶瑪三乘法輪寺(KTD)之前，我曾接受過直貢傳承頗瓦與施身法的正式教學。我以為我是在修習頗瓦與施身法，但我現在的結論是它們並不是。雖然我的問題是相當的私人性質，但它可能對他人有幫助。如果我繼續修習這兩個法門，可能已經造成的傷害是什麼？又可能會累積什麼利益呢？那是阿樣仁波切(Ayang Rinpoche)教授的頗瓦法以及堪布嘉岑(Khenpo Gyaltsen)所教的紅、白供施身法。

仁波切：阿樣仁波切第一次領受遷識法是得自大成就者欽列歐哲，當時他才八歲或九歲，欽列歐哲就是我剛才提到的那位成就者。後來阿樣仁波切有時會傳授直貢傳承的遷識，有時他也會教導大圓滿傳承的遷識，他傾向於交替這兩種傳承的教學。他是以具有大能力的遷識上師而特別出名，他的學生經常都展現出練習成功的徵兆。基於這些理由，我認為你曾做過的這些訓練不可能會有傷害，而且如果你繼續修持的話，只會有益處的。

修習施身法的重點是要切斷或根除對自己的執著，如果修持能做到那樣的話，就會有利益。實際上說，修施身法之前，能完成大手印前行法的四加行會更好些，一旦你完成四加行，就適合再繼續修施身法。

何為死亡時的顯、增、得？

學生：在死亡淨光出現之前發生的顯、增與得是什麼呢？

仁波切：在死亡時刻，基淨光顯現之前的階段是顯、增與得。實際上，那是臨終的人，在真正死亡之前，神識收攝的三個階段。這些階段每一個都有兩種經驗為其特徵：一個是顯相；另一個是知覺或是心識的變化。

第一階段「顯」：
遍處都是白色光亮的顯相。在第一階段的「顯」，伴隨著光輝耀眼的顯相外，所有與瞋或憤怒相關的妄念止息了。

第二階段「增」：
一切顯相皆成耀眼的紅色或橙色。在「增」的第二階段，所有與貪著或貪慾的妄念全部停止。

第三階段「得」：

在「得」的階段，則是完全黑的顯相。所有癡迷、無記的妄念全部息滅。

經驗到這三階段的顯相，是由於感官的功能與感官的識在收攝的緣故；而知覺或心識的變化面向是，每一階段某類念頭的停止或息滅。這裡的停止或息滅(cease)，不是說這些念頭的傾向被清淨了，而是因為識的收攝、消融，心越來越無法生出這些念頭，因此它們暫時中止或偃息了。因為如此，所以基淨光才能生起，到了第三階段「得」的最高點，三毒的所有妄想念頭都已經偃息了，在沒有妄念的狀況下，基淨光現起了片刻。它出現的那剎那，不是因禪修所致，所有的眾生在那刻都會有基淨光的生起。

不幸的是，它通常不會被認出，因此它對我們沒有任何益處。如果一個人的禪修很得力，尤其是假使他們修習如「那洛六法」的法門，那麼認知基淨光是可能的。假如一個人在基淨光出現時，認出了基淨光，並且安住在認知中，那麼可能會有些徵兆，臨終者身邊的人可以清楚地見到，這就是「圖當」(thukdam)，或是在西方我們開始稱之為「三摩地」(samadhi)。

此處「圖當」基本上是對「禪定」以及「三昧耶誓約」兩者的敬語。它的意思是，對過世的人而言，他的死亡經驗已變成淨光禪定。

外在的徵兆是即使在溫暖的氣候下，譬如夏天，在「圖當」的期間，屍體不會腐敗；同樣地，即使氣溫很低，屍體也不會凍結。

容顏會保持像生前一般，而不像是屍體的面色。一個可能存在，但並不一定如此的跡象是，如果一個人以坐姿過世，他的身體可能就保持坐姿。另外的跡象是，如果你拉一下屍體的肌肉，它會像活人般地又回到原位，而不像一般的屍體。「圖當」持續的期間沒有一定，通常是兩天半到三天，但是可能是一天、兩天或三天，而在某些較罕有的例子，可能更長些。

當死者離開了「圖當」的境界，屍體在那時就會像任何其他的屍體一樣，具有平常的死亡跡象。這個意思是說一個人認知了淨光，在「圖當」的期間維持在那認知中，然後投生淨土去了。

以淨光為最高點的這四個階段，每個人都會經歷，但是通常都無法認出。你可以在一些書譬如《中陰聞即解脫》(Great Liberation Through Hearing in the Bardo)或是措列那扎讓卓(Tsele Natsak Rangdrol)所撰寫的《正念之鏡》(Mirror of Mindfulness)中看到更多細節。

學生：白光或紅光會持續多久呢？

仁波切：不一定，沒有標準的時間長短，我不認為有人曾經量過時間。

學生：為了要往生阿彌陀佛淨土，是否有教法是我們在死後或者可能在此生就該遵循的呢？

仁波切：這個法本包括如何達成投生淨土的教法，同時，噶瑪恰美仁波切大部分的著作，如果不是全部的話，都開示了往生阿彌陀佛淨土的方法，他的一些著作甚至比本書，更是完全集中在往生西方極樂淨土上面。

學生：本教法是否為往生淨土最簡易的教示呢？

仁波切：是的。這是最簡易，同時也是最深奧的。

學生：當我們修習了所有這些教法後，我們肯定可以往生西方極樂淨土嗎？我只是想要有個保證。

仁波切：我保證如果你修習此法本上的每一教法，從頭到尾、完整而且如法地修持，你將能投生在淨土。我不是以自己的權威來擔保，因為我只是一個平凡的人，但是我這樣說是因為，在法本上以及其他的教法上都說得非常地清楚。然而，為了使保證能生效，你必須修習書上所開示的每一教法。

學生：誰能證實我們真實且正確做到了呢？因為我們可能做錯了，或是誤解了教法？

翻譯：你的意思是誰能認證你的修行嗎？

仁波切：此書本身就可以為你認證。事實上，為什麼我願意指出這個保證的理由是，因為這部書是確實有根據的，它是一位真正具格的上師所撰寫的。如我先前回答一個有關噶瑪恰美仁波切生平的問題，噶瑪恰美仁波切是阿彌陀佛的化身，他生在這世界上主要是為了教導眾生能往生淨土，因此，我們可以接受本書內的教法是真實可信的。

請將此教學的善德，以及現在與所有過去生所積聚的一切善德，迴向自己與一切眾生證悟成佛，特別是迴向聖眾，我們的根本上師，健康長壽；尤其是迴向所有在道上修行的人無有障礙，覺受與證悟增長如同漸盈的月亮，迴向他們證得完全的覺醒。

〈附錄一〉

英文版致謝辭

我們要感謝以下的人，他們為此計畫慷慨的貢獻時間與專長：Jeannette DeFries, Cathy Jackson與Kathi Webster謄寫原始教學；Lama Kathy Wesley編輯原來出版的謄本；David McCarthy與仁千出版社(Rinchen Publications) 出版原始的謄本。

我們由衷地感謝Yeshe Gyamtso翻譯原始的教學，而且感謝Peter Alan Roberts翻譯此書的根本偈頌。我們也要感謝我們的編輯組包括Lama Tashi Gawa對藏文本的寶貴幫助，Jigme Nyima編寫詞彙並協助藏文本的編輯與校對；Julie Markle設計索引；楚布寺法王辦公室提供尊貴的第十七世大寶法王法照；Stephanie Colvey提供漂亮的封面照片；Wendy Harding繪製具啟發的噶瑪恰美仁波切圖片；以及Florence Wetzel的編輯與校對。

噶瑪三乘法輪寺　編輯

摩琳・瑪克尼可拉斯，彼德・凡・得仁

Maureen McNicholas and Peter van Deurzen

〈附錄二〉

詞彙解釋

Absolute Truth

勝義諦、絕對真理（藏文don dam bden pa）：是世俗諦（相對真理）的究竟本質。勝義諦中諸法超越生、住、滅；它是空性。

Aggregates

五蘊（梵文skandha，藏文phung po）：五種構成個人經驗的知覺，或心理、生理的要素，包括色蘊、受蘊、想蘊、行蘊及識蘊。

All-Basis Consciousness

一切種識（阿賴耶識）（梵文alayavijnana，藏文kun gzhi rnam par shes pa）：此為八識中構成其他七識基礎的無分別根本識。又稱為「藏識」，是往昔累積的業力印痕與習性的貯藏處。

Amitabha

阿彌陀佛（藏文 'od dpang med）：無量光佛，五方佛之一，住持極樂淨土，是蓮花部之部主。投生在其淨土，保證一生中能得到完全的證悟。

Anuttara Yoga

無上瑜伽密續（藏文bla na med pa' i rnal 'byor）：藏傳佛教四部瑜伽中最上部。無上瑜伽密續的特徵是本尊或智慧本尊不被認為是在修行者身外，本尊被認為是修行者自心的具體化現，因此被稱為密續的內層次，因為本尊被認為是內在的。

Appearance Increase Attainment

顯，增，得（藏文snang mched thob gsum）：這是中陰的第一階段，三重消融的過程或微細的分解，通常發生在外氣已斷，而內息尚未停止時，這程序緊跟在粗重的四大元素分解後，而在基光明的經驗出現之前發生。

Arhat

阿羅漢（藏文dgra bcom pa）：破賊者。阿羅漢是已清淨所有的染污，降伏所有的煩惱，而入涅槃者。

Asura

阿修羅（藏文lha ma yin）：輪迴六道眾生的一類。阿修羅或稱半天人，其特徵是特別嫉妒，他們生存在恆常的爭鬥與猛烈的戰爭中。

Avadhuti

中脈（藏文dbu ma；kun 'dar ma）：身體中央微細的脈，從脊椎底部到頭的頂端。

Bardo

中陰（藏文bar do）：根據寧瑪與噶舉傳承，通常中陰可以指六種不同中有的存在狀態之一，然而一般幾乎專指從死亡開始到投生下一世的這段期間，平均持續約四十九天。

Bhumi

地（藏文sa）：成佛之道中，菩薩修行階段的層次。依大乘傳統有十個層次，通常稱為菩薩地；而金剛乘則有十三地。

Bliss

樂（梵文sukha，藏文bde ba）：安樂、幸福、安康、寧靜或舒適。

Bodhichitta

菩提心（藏文byang chub kyi sems）：覺醒的心。相對菩提心是為了利益所有的眾生，修持六波羅蜜以證佛果的願求；勝義菩提心則是直接洞察諸法空性。

Bodhisattva

菩薩，菩提薩埵（藏文byang chub sems dpa'）：大乘傳統中，菩薩在所有生中為了利益輪迴中所有苦難的眾生，誓願證得佛果。這是菩薩的理想，而阿羅漢、獨覺佛則只求個人的利益而證涅槃。

Bodhisattva Vow

菩薩戒（藏文byang chub sems dpa' i sdom pa）：菩薩戒的精要在維持菩提心。虔心希望能饒益眾生，不僅是消除暫時的痛苦，而且是要把眾生無有例外地帶上完全與全然的覺醒境界。菩薩戒必須從不曾損毀戒律的上師處領受。

Buddha

佛（藏文sangs rgyas）：圓滿覺醒的證悟者。已清淨了所有的染污、障礙與煩惱，示現所有圓滿的功德與智慧，並且全然證悟所有知識，而達到完全遍知境界者。是我們皈依的三寶之一。

Buddha Shakyamuni

釋迦牟尼佛（藏文sha kyat thub pa）：釋迦族的聖人。當今歷史記載的佛，喬達摩悉達多王子，誕生於西元前五世紀的釋迦族中。在印度菩提迦耶成正覺之後，釋迦牟尼佛傳授佛法。

Chakrasamvara

勝樂金剛 （藏文 'khor lo bde mchog）：藏傳佛教新譯派，無上瑜伽密續部主要本尊之一，其修持可清淨與轉化障礙。金剛亥母為其明妃。

Chakravartin

轉輪聖王 （藏文 'khor los sgyur ba' i rgyal po）：廣傳佛法的宇宙統治者。

Chenrezik

觀世音菩薩 （梵文Avalokita，藏文spyanras gzigs）：是諸佛慈悲所化現的菩薩。觀世音菩薩是西藏的守護本尊，大寶法王嘉華噶瑪巴與達賴喇嘛尊者，都被視為觀世音的化身。

Chö

施身法（藏文gcod）：斬斷。一種禪定修持，觀想供養自己的身體以克服對自身的錯誤看法與執著，包括與身體消融有關的恐懼。瑪姬拉準從印度上師帕當巴桑傑處得到此法門，並廣為傳揚。

Circumambulation
繞行（梵文pradakshina，藏文skor ba）：以順時針方向在聖人、聖地或聖物旁繞行的行為；這是佛陀教導積聚資糧、清淨惡業，尤其是淨除身體障礙的一種方法。

Clear Light
淨光（梵文Prabhasvara，藏文‘od gsal）：也被譯做「光明」(luminosity）。在最微細層次上心的本質，也可以認為是佛性buddha nature（梵文sugatagarbha，藏文bde gshegs snying po）的同義字。

雖然存在於每位眾生的心續，但通常被染污了。一般在死亡時，四大元素分解以及三重消融結束後，才會經驗到。然而修行者可以經由訓練，來培養熟悉淨光的認知。因此，圓滿認知淨光被認為是法身證悟的成就。

關於淨光，可以從兩方面進一步加以區分：首先，「基光明ground clear light」（藏文gzhi i od gsal）或「母光明mother clear light」（藏文’od gsal ma）在前面提到，是死亡時自然顯現的法身，但是一般人若事前不曾充分熟悉的話是認不出來的。其次，「道光明path clear light」（藏文lam gyi ‘od gsal）或「子光明child clear light」（藏文’od gsal bu）是修行者在活著時，經由禪修培養證悟心性的熟悉過程。當這兩方面完全結合時，即是所謂的「母子光明會」(meeting of the mother and child clear lights），此等同於達到圓滿證悟或證得佛果。

Compassion
慈悲（梵文Karuna，藏文snying rje）：積極關懷一切眾生的苦難，並且希望眾生能離苦。觀世音菩薩是諸佛慈悲的化現。

Completion Stage
圓滿次第（梵文sampannakrama，藏文rdzogs rim）：金剛乘或密續本尊禪修兩階段的第二階段，行者將先前建立的觀想融入，而將心自然安住。

Dakini
空行母（藏文mkha’ ‘gro ma）：實現佛的事業、保護並護持佛法與修行者的密續女性本尊。在時機成熟時，空行母會將秘密教法傳授給特定的修行者。

Dewachen

極樂淨土（梵文Sukhavati，藏文bde ba can）：位於西方，是阿彌陀佛的淨土。

Dharma

法（藏文chos）：釋迦牟尼佛的教法；是我們所皈依的三寶之一。法也可以指所有的事物、真實、教義、特質等等。

Dharmadhatu

法界（藏文chos dbyings）：包含一切，無始或無起源的，於其內空性與緣起不可分。

Dharmapala

護法（藏文chos skyong）：教法的保護者。護法通常是兇猛且強有力的，誓願保護佛法與其修行者。護法有兩類：智慧護法，是佛菩薩的化身；以及世間護法，具有善業功德的輪迴眾生。

Dharmata

法性（藏文chos nyid）：它是實際的真實本質自身，是所有現象無法言語詮釋，且本來圓滿的清淨性。

Dzokchen

大圓滿（梵文maha ati，藏文rdzogs chen）：最初由寧瑪派的極喜金剛所傳授，它是達到直接證悟心本身清明本性的究竟方法。

E Ma Ho

耶瑪霍：通常在大成就者撰寫的詩、偈頌或證悟道歌起首表示驚嘆的用詞。

Eight Consciousnesses

八識（藏文rnam shes tshogs brgyad）：眼識、耳識、鼻識、舌識、身識構成五種感官意識。第六識是意識；第七識是染污識（末那識）；而第八識是基識或稱一切種識（阿賴耶）。

Elements

元素（梵文bhuta、dhatu，藏文 'byung ba、khams）：所有物質與現象經驗的基本構成元素。四種基本元素（四大）與其相對應的特質是：地（堅硬）、水（凝聚）、火（暖與轉化）、風（氣與流動）。

Empowerment

灌頂（梵文abhisheka，藏文dbang bskur）：授權弟子修習特定的金剛乘法門的一種儀式。必須由具格的上師授予。

Emptiness

空性（梵文shunyata，藏文stong pa nyid）：主要源自二轉法輪的教義，主張諸法無實質或無實存，此可由諸法依因緣而起得到證明。直接證悟空性等同於圓滿智慧，及標示著證入菩薩地。

Five Female Buddhas

五方佛母：五方佛父之明妃。五方佛部分別是佛部、金剛部、寶生部、蓮花部、與事業部，其相對應之佛母為：無上空性佛母（毘盧遮那佛），瑪瑪基（阿閦毘佛），佛眼佛母（寶生佛），白衣佛母（阿彌陀佛），三昧耶度母（不空成就佛）。

Five Male Buddhas

五方佛：指佛部毘盧遮那佛，金剛部阿閦毘佛，寶生部寶生佛，蓮花部阿彌陀佛，與事業部不空成就佛。每一佛部都代表了一特定的智慧，它對應於某一類煩惱被完全清淨與轉化。

Five Wisdoms

五智（梵文panchajnana，藏文ye shes lnga）：存在於所有眾生的五種根本清淨覺知。它們通常被業力染污與迷惑所遮蔽，而顯現為五種煩惱。五智是：法界體性智、大圓鏡智、平等性智、妙觀察智與成所作智。五智與五方佛部有密切關聯。

Four Powers

四力（藏文stobs bzhi）：為了能真正且達成完全的效用，懺悔必須包括以下的四種要素：懊悔力、決除力、依止力、對治力。

Four Thoughts That Turn the Mind

轉心四思維（藏文blo ldog rnam bzhi）：四種共同的前行法。思維人身難得、生死無常、業報因果、輪迴是苦。

Four Yogas of Mahamudra

大手印四瑜伽（藏文rnal 'byor bzhi）：專一、離戲、一味、無修。每一瑜伽又可分為下品、中品與上品，一共有十二次第。

Geluk

格魯（藏文：dge lugs）：藏傳佛教四大傳承之一，是新譯派中最新近的傳承，由宗喀巴大師建立。

Generation Stage

生起次第（梵文utpattikrama，藏文skied rim）：金剛乘或密續本尊兩階段禪修的第一階段。修行者生起並且維持本尊與其壇城的觀想。通常伴隨著咒語，以清淨顯相取代尋常顯相，視萬物為本尊之壇城，亦即心的智慧本身之展現。

Great Liberation Through Hearing in the Bardo

中陰聞即解脫（藏文bar do thos grol chen mo）：在西方通常被稱為「西藏生死書」，那是第八世紀阿闍黎鄔地雅那蓮花生大士所撰的一部偉大的伏藏法。此法於第十四世紀為伏藏大師噶瑪林巴取出，是一部浩瀚的典籍，內容有關中陰精確詳盡的知識與教授。

Guru

上師（藏文bla ma）：佛法修行或經教的老師。嚴格的含義，一位完全具格的上師必須具備非凡的學識、慈悲、證悟、戒律與引導弟子的技巧。如此具格的上師是稀有難得的。

Guru Rinpoche

**蓮花生大師（梵文Padmasambhava，藏文pad ma 'byung gnas、gu ru rin po

che）：鄔地雅那的蓮花生大師，於西元八世紀將金剛乘教法傳入西藏。他降伏了當時西藏的負面勢力，成立寧瑪傳承，並且封存了一些伏藏法，留待日後，有利益未來眾生的需求產生時，再由伏藏師取出。

Guruyoga
上師相應法，上師瑜伽（藏文bla ma' i rnl 'byor）：開展對上師的虔敬心，最終求得加持，並與上師之心合而為一的法門。它也是金剛乘四加行中的第四前行法。

Hundred-Syllable Mantra
百字明咒（藏文yi ge brgya pa）：通常指金剛薩埵的長咒，主要是清淨罪障的咒語。

Instruction
口訣（藏文khrid，ngag）；以書寫、口說或其他的方式，將修持佛法的技巧從一人傳授給另一人之教導。口訣應該由具格者來傳授，但更重要的是，為了要有效益，口訣應得自無間斷的傳承。

Jambudvipa
南瞻部洲（藏文 'dzam bu gling）：佛教徒宇宙論四主洲中在南方的一洲。

Kagyu
噶舉（藏文bka' brgyud）：藏傳佛教四大傳承之一，是新譯派的三大教派之一。噶舉的教法與實修的傳承可以追溯到大成就者帝洛巴，他直接從金剛總持得到教法，再經由許多證悟的上師連續傳承下來。噶舉主要以眾多偉大的瑜伽士，以及由岡波巴開始的寺院傳統而著稱。

Karma
業（藏文las）：行為。因果業力的宇宙法則，每個人無可避免地經驗自己善行或惡行的結果。

Karmapa
噶瑪巴（藏文Ka rma pa）：藏傳佛教噶瑪噶舉傳承的殊勝領導者。現在的噶瑪巴，鄔金欽列多傑，是從杜松千巴開始不間斷傳承的第十七世。佛果事業化現的嘉華噶瑪巴得授記於釋迦牟尼佛與蓮花生大士二者。他們是觀世音菩薩的一種示現，是智慧與慈悲的清淨典範。他們曾將證悟示現為學者、瑜伽士、藝術家及詩人。

Kaya

身（藏文Sku）：佛身的三種本質：化身(nirmanakaya)，在眾生道以血肉之軀出現；報身或圓滿受用身(sambhogakaya)，佛為菩薩所做的示現；以及法身(dharmakaya)，超越形相的無生智慧，經由報身與化身而示現。還有第四身，體性身(svabhavikakaya)，是前面三身的究竟一體。而色身(rupakaya)一詞同時指報身與化身。同樣也有第五身，大樂身(mahasukhakaya)，是總結其他四身的功德。

Klesha

煩惱障（藏文nyon mongs、dug）：情緒染污、煩惱或稱毒。三種主要的煩惱是貪、瞋、癡，加上慢與疑，合稱五種煩惱或五毒。

La

魂（藏文bla）：存在於身內的一種精神或生命力，在死亡時會離開身體。

Lhaktong

觀（藏文lha mthong）：洞察的禪修，開展對實相本質的洞察。

Luminosity

光明（梵文prabhasvara，藏文‘od gsal）：在大手印中描述心性的一種面向，清晰顯相無礙展現地升起，而與空性無別。

Ma Nam Zhi Kor

瑪南四句（藏文ma nam bzhi bskor）：四加行儀軌中，上師相應法的四句祈請文，開首為：「......所有如母眾生，等如虛空，祈請上師......」

Mahamudra

大手印（藏文Phyag rgya chen po）：字義上是「大印」。是噶舉傳承特別推崇的一種禪定修持。大手印是對心的空、明與無盡本質的直接體驗。

Mahasiddha

大成就者（藏文grub thob chen po）：金剛乘傳統中高度證悟的大師。同時亦指第八世紀到第十二世紀印度的八十四位偉大的成就者，他們由於精進的修行而達到大證悟。

Mahayana

大乘（藏文theg pa chen po）：源自佛陀二轉法輪的教法，著重於空性與對一切眾生的慈悲。

Maitreya

彌勒菩薩（藏文byams pa）：未來佛，現在住於兜率天，而在其他剎土示現化身。他將是此賢劫千佛的下一位佛。

Mandala

壇城，曼達（藏文dkyil 'khor）：某一特別本尊與其眷眾的神聖居所以及其獨特的面向。同時也是這類壇城的象徵或實際的代表。獻曼達，不共前行的第三加行，對皈依境重複地供養整個宇宙，來圓滿福德的積聚。

Manjushri

文殊菩薩（藏文'jam dpal dbyangs）：八大菩薩之一，他是圓滿智慧或洞察的象徵，因此是大乘傳統般若波羅蜜多經典常見的名字，示現報身佛的裝飾，右手持著具有火焰的劍，左手持著經卷。

Mantra

咒語，真言（藏文sngags）：空性的真實聲音。咒語是神聖的聲音，代表各種能量，象徵並傳達本尊的本質；覺醒的語面向之示現。咒語可以是單音節或長的音節組合。觀世音菩薩咒語「嗡嘛尼唄美吽」是最廣為人修持的咒語之一。

Mental Body

意生身（藏文yid lus）：中陰眾生所經驗的微細身，不受限於粗重的身體。它由命氣與一切種識或微細心組成。

Milarepa

密勒日巴（藏文mi la ras pa）：是西藏佛教最偉大、最著稱的瑜伽士上師（生於西元1040-1123年）之一。雖然他早年曾犯下深重的惡業，在成為馬爾巴的弟子後，於一生中獲得完全的證悟。《十萬道歌集》是任運而作以闡明他的證悟體驗。他的弟子包括岡波巴與惹瓊巴。

Mount Meru

須彌山（藏文ri rab lhun po）：至高無上的山。根據佛教徒的宇宙論，須彌山是宇宙的中心點。

Naropa

那洛巴：印度的偉大學者與大成就者（生於西元956-1050年或1012-1100年），他在上師帝洛巴的教導下，歷經嚴苛苦行，後來證到金剛總持的境界。他的主要弟子是馬爾巴。

Ngondro

四加行（藏文sngon 'gro）：藏傳佛教的前行修法。修行者由此開始金剛乘的修行道路。共前行包括轉心的四思維。不共前行則包括累積111,111遍的皈依與大禮拜；111,111遍的金剛薩埵咒語；111,111遍獻曼達；以及111,111遍的上師相應法。

Nirvana

涅槃（藏文mya ngan las 'das pa）：超越痛苦的境界。輪迴因的滅絕，導致從輪迴中解脫。

Nyingma

寧瑪（藏文rnying ma）：舊譯派，代表最初從梵文和其他語文翻譯成藏文的佛教教法。此派從第八世紀蓮花生大士開始，他將一些伏藏法埋藏，以便未來在適當的時機，由伏藏師取出。大圓滿是寧瑪傳統最高的禪定修持。

Nyungne

紐涅，八關斷食齋戒（藏文smyung gnas）：千手千眼大悲觀世音菩薩斷食清淨的法門。

OM MANI PADME HUM

嗡嘛尼唄美吽（藏文習慣唸法OM MANI PEME HUNG）：這是大悲觀世音最廣為人知的咒語。

One-Day Vows

一日齋戒，八關齋戒（藏文gso sbyong）：布薩。字義上是「修補與清淨」。唸誦儀軌來懺悔與修補所違犯的戒律之修持。通常每月定期由寺院集眾舉行。此外，在進行某些儀式之前，必須要有清淨的道德戒律，所以必須先唸誦布薩（說戒）。

Postmeditation

座下修（藏文rjes thob）：後得。當一個人忙著日常的活動，而非正式禪修的時候。

Prajna

般若，智慧（藏文shes rab）：經由觀的修持而證知空性的洞察或了解，是大乘波羅蜜多的第六項。

Prajnaparamita

般若波羅蜜多（藏文shes rab kyi pha rol tu phyin pa）：圓滿的洞察或認識；諸佛之母。源自二轉法輪的大乘教法，觀的修持，能引導到空性的直接證悟。

Pratmoksha

別解脫（藏文so sor thar pa）：個別解脫戒的七層次，是構成居士、初修者或具足戒僧侶的基本道德戒律。

Pratyekabuddha

獨覺佛（藏文rang sangs rgyas）：追求獨覺道，專注於個人的解脫，且觀修十二因緣，證得阿羅漢的人。

Preta

餓鬼（藏文yi dvags）：輪迴六道眾生的一種。餓鬼是不斷地受到飢、渴與強烈痛苦折磨的各類鬼神。

Refuge

皈依（藏文skyobs pa）：從輪迴的危險中尋求庇護，唯有在具體代表佛、法、僧之處才可能得到。金剛乘，皈依佛、法、僧，同時也皈依上師、本尊與護法。這六皈依處被稱為「三寶與三根本」。

Refuge Vow

皈依戒（藏文skyabs su 'gro ba'i sdom pa）：正式表明皈依的意願，通常在皈依儀式中以伴隨的儀軌進行。如同所有佛教徒的戒律，皈依戒必須從一位本身不曾破損戒律的具格傳戒師處領受。皈依戒標示著佛道的開始，並且是個人領受所有其他戒律的基石。

Relative Truth

世俗諦，相對真理（藏文kun rdzob bden pa）：一般人對事物的認知，在傳統層次上被認為是真實的。

Renunciation

出離（藏文nges 'byung）：棄離輪迴。由於認識到輪迴的徒勞無益與解脫的價值，從昔日的執著轉為厭離。

Root Guru

根本上師（藏文rtsa ba'i bla ma）：根據金剛乘無上瑜伽密續的傳承，根本上師是諸佛的總集，因為上師的意是法身，諸佛的智慧。上師是法的來源，所以上師的語是法的總集。不論上師示現出家相或是居士相，均是僧眾中重要的一員，上師的身是所有僧眾的總集。上師的功德顯現為本尊聖眾，而上師的事業顯現為空行護法。

Skaya

薩迦（藏文sa skya）：藏傳佛教四大主要教派之一，也是新譯派之一。該傳承的領袖是薩迦崔津法王，屬父傳子制度，著重於道果教法與佛教因明。

Samadhi

三摩地，禪定（藏文ting nge 'dzin）：禪修。心的專一，於其中無禪修對境與禪修者的二元經驗。

Samantabhadra

普賢（藏文kun tu bzang po）：字義上指「全善」、「遍吉」。這可以指八大菩薩之一，或是寧瑪傳承的本初法身佛。

Samaya

三昧耶戒（藏文dam tshig）：神聖的話或誓言。金剛乘的誓戒主要是持守個人對根本上師或特殊法門的誓言，但也可延伸至對僧團。

Samsara

輪迴（藏文 'khor ba）：輪轉的存在，眾生陷於其中，無止盡地輪轉投生於六道，經歷無止盡的痛苦。

Sangha

僧伽（藏文dge 'dun）：追求善業者。是我們所皈依的三寶之一。通常可以有兩個層次的理解：即普通已皈依且修行佛法的團體，及證悟者的聖眾。

Sarma

新傳（藏文gsar ma）：新譯派，包括噶舉、格魯與薩迦派。這些教派所根據的是第二次佛法廣傳於西藏的文本，由大譯師仁千桑波所帶入。

Seven Branches

七支供養（藏文yan lag bdun pa）：禮敬諸佛、懺悔業障、廣修供養、隨喜功德、請轉法輪、請佛住世與普皆迴向。

Shinay

止（梵文shamatha，藏文zhi gnas）：止的禪修，修行者利用例如呼吸等技巧，以開展寂止與專注的心。

Shravaka

聲聞（藏文nyan thos）：釋迦牟尼佛早期的弟子，他們修持親耳從佛陀處聆聽到的教言。聲聞的果位是阿羅漢的境界。

Siddhi

成就，悉地（藏文dngos grub）：八種普通成就即指世間成就；殊勝成就即是圓滿證悟。

Six Dharmas of Naropa

那洛六法（藏文na ro chos drug）：那洛巴傳授給馬爾巴的密續教法，是噶舉教法中重要的一部分，也是傳統三年閉關的必修法門，包括拙火、幻身、夢瑜伽、淨光、中陰與遷識。

Six Realms

六道（藏文khams drug）：存在之輪中所描繪的六種輪迴領域。天道是六道中最高的，接著是阿修羅道、人道、畜生道、餓鬼道與地獄道。

Six-Syllables

六字大明咒（藏文yig drug）：通常指觀世音菩薩的六字咒語，嗡嘛尼唄美吽。

Sutra

經（藏文mdo）：佛陀的開示。直接得自佛陀，由弟子阿難複述結集而成。阿難牢記佛陀一生中的教言，每部經的起首都是「如是我聞…」。

Tantra

密續（藏文rgyud）：金剛乘典籍與修行的教授。它們是佛陀示現報身佛相所教導與賜與的強有力方法，以克服末法時期的障礙。密續並未捨棄其他的法乘，而是建立在其他的法乘之上，以善巧的方法，迅速引領至覺醒。

Tantrika

密咒士（藏文sngags pa）：密咒的修行者。

Three Jewels

三寶（梵文triratna，藏文dkon mchog gsum）：字義上指「稀有而殊勝者」，殊勝的佛、殊勝的法與殊勝的僧。

Tilopa

帝洛巴：印度偉大的大成就者（生於西元988-1069年），他直接從法身佛金剛總持得到教法，開始了後來被稱為噶舉的傳承。他接著從印度的四位上師處得到四種傳承，傳到我們現在的是，所有四種傳承的一種組合。他的主要弟子是大成就者那洛巴。

Tögal

脫噶（藏文thod rgal）：大圓滿有兩個主要的部分：且卻(trekchö，立斷)與脫噶(Tögal，頓超)。前者著重於本始的清淨（藏文ka dag），而後者則強調任運存在。

Tokden

證悟者（藏文rtogs ldan）：證悟金剛乘修法的人的一種稱號。

Tonglen

自他交換法（藏文gtong len）：又稱「施受法」。一種禪修的方法，將他人的苦難在自己的內心中，與自己的快樂交換。

Transference/Ejection of Consciousness，Phowa

遷識，破瓦（藏文‘pho ba）：將亡者的神識遷引到淨土——例如西方極樂淨土的一種修法。通常會請具格的喇嘛協助修持。

Transmission

口傳（藏文lung）：除了灌頂與教授之外，還有口傳，這三者是授予弟子許可，開始修持特殊的金剛乘法門。這必須由具有此法門傳承的具格上師來授予。

Two Accumulations

二資糧（藏文tshogs gnyis）：這是指福德的積聚與智慧的積聚。智慧是清淨煩惱障與所知障後，所生起的覺受與了悟，而引導至圓滿的覺醒。福德是由於善行而導致善業的積聚。在智慧的火焰燒毀二障的象徵中，福德就像是點燃並且維持火焰的燃料。雖然以禪修來尋求智慧，本身就能生出福德，而金剛乘的方法則同時積聚兩者，因此可以更快速地成就法道。

Uddiyana

鄔地雅那（藏文u rgyan、o rgyan）：古印度西北方的國家，蓮花生大士出生於當地的蓮花之上。同時，根據喜金剛密續，那是二十四神聖或半清淨剎土之一。

Vairochana

毘盧遮那佛（藏文rnam par snang mdzad）：主要的報身佛，五方佛佛部的部主。

Vajra

金剛（藏文rdo rje）：可以譯成：不可摧破、金剛、霹靂、堅硬。因陀羅(Indra)天神的傳奇武器，據傳是絕對無法被摧壞的。在金剛乘中金剛主要象徵心的不變異本質。同樣地，它也代表穩定與力量。

Vajra Guru Mantra

金剛上師咒：OM AH HUM VAJRA GURU PADMA SIDDHI HUM（梵文），為蓮花生大士的十二音節咒語：嗡阿吽班雜咕嚕貝瑪悉地吽。

Vajradhara

金剛總持（藏文rdo rje 'chang）：金剛持有者。新譯派的法身佛。

Vajrasattva

金剛薩埵（藏文rdo rje sems dpa'）：清淨障礙的報身佛。金剛薩埵的修持與咒語持誦是四不共前行的第二部分，其作用是要清淨障礙與罪業。

Vajrayana

金剛乘（藏文rdo rje theg pa）：不可摧破之道。金剛乘跟隨大乘的菩薩道之後，其特色為具有以密續為基礎的特別教法，強調使用觀想、咒語、和手印的本尊修持，又稱為真言乘或密咒乘。

Vidyadhara

持明者（藏文rig 'dzin）：字義上指「持覺知者」，尤其指清淨持守三戒——別解脫戒、菩薩戒與三昧耶戒的密續成就者。持明者有一些特殊的分類，在中陰的特別教法內，持明者顯現為強有力的眾生，是寂靜尊與忿怒尊特質的具體化現。

Vinaya

律藏（藏文'dul ba）：戒律。佛法三藏之一，包含佛陀關於道德規範與行為的教法。

Yama

閻羅王（藏文gshin rje）：死亡之主，它是無常與因果無誤的一種擬人化。

Yidam

本尊（藏文yi dam）：密續本尊。禪修本尊是個人的守護者與成就之源。

Yogi/Yogini

瑜伽士，瑜伽女（藏文rnal 'byor pa，rnal 'byor ma）：密續的修行者。

〈附錄三〉

噶瑪三乘法輪寺

Karma Triyana Dharmachakra

噶瑪三乘法輪寺（KTD）是大寶法王嘉華噶瑪巴在北美洲的總道場，依屬第十七世嘉華噶瑪巴 鄔金欽列多傑的精神指導與護佑，致力於藏傳佛教噶舉傳承正統的代表。

有關KTD的資料，包括目前的課程或相關會員中心，美國與國際的噶瑪三乘法林（KTCs），請洽詢：

Karma Triyana Dharmachakra
335 Meads Mountain Road
Woodstock, NY 12498, USA
845 679 5906　　ext. 10
www.kagyu.org
KTC Coordinator：845 679 5701
ktc@kagyu.org

國家圖書館出版品預行編目(CIP)資料

大手印大圓滿雙運 / 噶瑪恰美仁波切(Karma Chakme Rinopche)原典 ; 堪布塔卡仁波切(Khenpo Karthar Rinpoche)釋論 ; 喇嘛耶喜嘉措英譯 ; 噶瑪策淩確準中譯. -- 二版. -- 新北市 : 眾生文化, 2017.09
304面 ; 17x22公分. -- (經典開示 ; 2)
ISBN 978-986-6091-80-3(平裝)

1.藏傳佛教 2.佛教修持

226.965　　106014431

經典開示(2)

大手印大圓滿雙運

(原書名/唯一:大手印大圓滿雙融心髓)

原典作者:噶瑪恰美仁波切
(Karma Chakme Rinpoche)
釋論作者:堪布塔卡仁波切
(Khenpo Karthar Rinpoche)
藏 譯 英:喇嘛耶喜嘉措
英 譯 中:噶瑪策淩確準
審　　譯:噶瑪津巴多傑
發 行 人:孫春華
社　　長:妙融法師
總 編 輯:黃靖雅
責任編輯:徐世華
封面設計:大象設計
版面構成:施心華
內頁排版:施心華
行銷企劃:劉凱逢
發行印務:黃志成

台 灣 發 行:眾生文化出版有限公司
地址:220新北市板橋區四川路二段16巷3號6樓
電話:02-8967-1025 傳真:02-8967-1069
劃撥帳號:16941166 戶名:眾生文化出版有限公司
電子信箱:hy.chung.shen@gmail.com　網址:www.hwayue.org.tw

台灣總經銷:紅螞蟻圖書有限公司
地址:台北市114內湖區舊宗路2段121巷19號
電話:02-2795-3656 傳真:02-2795-4100
E-mail:red0511@ms51.hinet.net

香港經銷點:里人文化事業有限公司
地址:香港荃灣橫龍街78號正好工業大廈22樓A室
電話:852-2419-2288 傳真:852-2419-1887
電子信箱:anyone@biznetvigator.com

一版一刷 2011年12月/二版一刷 2017年9月
ISBN 978-986-6091-80-3(平裝)
定 價 新台幣380元

本書如有破損、缺頁、裝訂錯誤,請寄回更換。
未經正式書面同意,不得以任何形式做全部或局部之翻印、仿製、改編或轉載。

版權所有・翻印必究